数字金融与产业转型发展

江映霞◎著

Digital finance and
industrial transformation
and development

中华工商联合出版社

图书在版编目（CIP）数据

数字金融与产业转型发展 / 江映霞著． -- 北京：
中华工商联合出版社，2023.5
ISBN 978-7-5158-3674-4

Ⅰ．①数… Ⅱ．①江… Ⅲ．①数字技术－应用－金融
业－研究－中国 Ⅳ．①F832-39

中国国家版本馆CIP数据核字(2023)第076502号

数字金融与产业转型发展

作　　者：江映霞
出 品 人：刘　刚
责任编辑：胡小英
装帧设计：王　冕
责任审读：付德华
责任印制：迈致红
出版发行：中华工商联合出版社有限责任公司
印　　刷：北京毅峰迅捷印刷有限公司
版　　次：2023年7月第1版
印　　次：2023年7月第1次印刷
开　　本：710mm × 1000mm　1/16
字　　数：200千字
印　　张：12
书　　号：ISBN 978-7-5158-3674-4
定　　价：68.00元

服务热线：010-58301130-0（前台）
销售热线：010-58302977（网店部）
　　　　　010-58302166（门店部）
　　　　　010-58302837（馆配部、新媒体部）
　　　　　010-58302813（团购部）
地址邮编：北京市西城区西环广场A座
　　　　　19-20层，100044
http://www.chgslcbs.cn
投稿热线：010-58302907（总编室）
投稿邮箱：1621239583@qq.com

Preface 前言

随着新一轮科技革命的快速发展，新一代信息技术逐步渗透到经济社会各个领域，催生出了数字经济这一新经济形态。从未来经济的发展趋势来看，发展数字经济是重塑经济发展新动能、新优势的战略选择。随着大数据、区块链、云计算、人工智能等数字科技不断向金融领域渗透，与数字经济高度契合的数字金融应运而生。数字金融涵盖了传统金融的数字化、移动化以及互联网金融等领域，并逐步成为带动我国经济社会高质量发展、提升国家竞争力的新引擎。

党的二十大报告提出，加快建设教育强国、科技强国、数字中国、人才强国，并对加快发展数字经济提出明确要求。"十四五"规划明确提出了"提升金融科技水平，增强金融普惠性，创新更多适应家庭财富管理需求的金融产品"的目标，让数字金融不断发挥自身优势，激发经济活力，助力我国经济高质量发展。

金融是经济的心脏，是产业发展的血液，作为现代经济的核心，金融为产业发展提供了丰富的营养和动力。在数字金融已从筑基打桩阶段迈进到厚积薄发阶段的背景下，我国经济要想实现高质量跨越式发展，借助数字金融加快产业转型发展成为必然趋势。数字金融是产业转型发展的现实需要和发展基础，数字金融能通过资产配置效应、成本降低效应、产业集聚效应、技术进步效应、消费效应、就业效应以及助推实体经济发展来促进产业转型发展。

　　本书以数字金融与产业转型发展为研究对象,对数字金融的概念及其发展背景进行了介绍;说明了数字金融在产业转型发展中的作用、数字金融对产业转型发展的影响,以及数字金融对产业转型发展的影响评估和影响实证;从数字金融建设支撑数据共享、数字金融系统强化数字管理、政府扶持助力产业转型发展、数字金融人才培养提升素养、搭建数字金融平台优化产业链五个方面对数字金融促进产业转型发展的实践途径进行了探讨,为产业转型发展提供了相关理论和建议。

Contents 目录

第一章　数字金融的发展背景

第一节　数字金融概念的兴起

数字金融是金融与科技深度融合的革命性产物。金融与科技的结合由来已久,并先后产生了"金融科技""电子金融""互联网金融""数字金融"等概念。

一、金融科技

(一)金融科技的定义

1972年,Bettinger最早提出"金融科技"的概念,指出金融科技是计算机技术与银行专业知识和现代管理科学的结合。

金融科技英译为Fintech,该词由金融"Financial"与科技"Technology"两词合成而来,可以粗略会意其为金融与科技之间的融合。一方面,传统金融行业通过各种科技手段应用于金融行业,从而提升金融产品和金融服务,另一方面,技术型公司通过技术手段加入金融板块,形成金融科技公司。按照金融稳定理事会(Financial Stability Board)的标准,Fintech指基于诸如大数据和人工智能的网络和计算机技术上的技术创新,并运用于诸如融资、支付结算、零售银行等金融领域和活动中,为未来金融产业的趋势。

得益于各种新兴技术与金融技术的融合,金融科技初创企业以及行业新进者掀起了覆盖传统金融产品以及服务等领域的各项革新,进一步为传统金融企业开辟客源,增强金融服务供应商的运营能力和水平,并且提升其风险管理水平。不论是金融还是科技都是高度迭代的,也就是说通过精细技术的开发与大量积累来实现技术的飞跃式成长。而金融科技具备更高的迭代效率,其通过参照金融市场需求和构建科学技术创新基础,在短期内就产生深刻且广泛的影响。

金融是一个不断创新,不断发展迭代的工具,回顾金融发展的漫长历史,从国家发行债券,到如今同网络信息技术结合,金融在不同的时代,运用不同的技术,实现金融与科技的融合。诸如 Douglas W.Amer 的学者认为金融科技的发展可划分为 1866 年至 1967 年、1967 年至 2008 年以及 2008 年至今有三个时间段,分别对应金融科技 1.0、2.0 和 3.0 三个阶段。

也有学者认为应从信息技术与金融行业的融合程度来看,金融科技 1.0 阶段,即金融 IT 阶段,金融机构通过 IT 软件以及硬件的运用来达成金融产品和服务的自动化和网络化,借此提升其金融产品和服务的供给效率。金融科技 2.0 阶段,即互联网金融阶段,IT 技术的迅速发展,深刻改变了以往的金融行业,出现了各类线上平台,并通过网络化的进程,缩小整个社会,共享相关信息和业务数据,实现金融产品及金融服务相互连通,大大提高金融效率。金融科技 3.0 阶段,新兴的金融科技企业出现,AI 算法、大数据、云计算等新兴计算机科技发展深刻影响了以往的金融交易过程,突破了金融领域及壁垒。无论是哪种说法,在 2008 年世界金融危机发生后,金融行业发展进一步复杂化、地方化、国际化。金融业的发展对旧有的金融监管制度造成了极大的冲击,特别是金融科技极大地推动了金融业发展,金融行业愈发网络化、数字化,颠覆了传统金融行业思维,以及传统金融行业的生态圈。此次金融危机过后,形成传统金融和科技金融的分界线,孕育了新时代的思想,代表新时代金融发展的风向标,金融行业发展日渐数字化、网络化,也代表着,金融监管走向了新的发展模式。

(二)金融科技推进金融数字化、网络化

传统的金融行业有两个基本特征,第一,金融行业是一个以中心化的信用主体为核心的网状结构,这个信用主体就是银行和券商,然后围绕着它们形成了一个网络。比如我们总把它们的分支机构叫网点,网点越多,规模越大,就意味着这个信用主体越强大。第二,在这个行业里,数据是专业人员进行决策的辅助,信贷、投融资都是这样子的。而这样一来,就形成了一个很庞大的金融专业人员的群体,信贷员、柜员、账目审核、投资专员等。所以,在 20 世纪的金融模式里,随

着整个经济金融化的趋势加深,这些金融机构的结构状况会愈发复杂,其能够提供的金融产品以及服务也会愈发复杂多样,金融整体的专业化标准也愈发严苛,监督管理工作也就疲于奔命,不断地在现有的体系上打补丁。而金融科技以技术加金融,传统金融企业用技术改造,现代技术企业走向金融,使得金融数字化、网络化,其主要通向三个模块,即移动支付、活数据、区块链技术,这给金融业、商业、整个社会都带来颠覆性重构。

1.移动支付

移动支付是由第三方支付方式演变而来的新兴支付方式,其中第三方支付具体是指买卖双方使用第三方平台促成商品交易活动的网络支付模式。部分学者研究第三方支付方式后认为,该方式本质上是通过具备一定实力或者信誉的中介机构,为买卖双方的支付活动建立信用基础,解决因为交易信息不对称而造成的一系列信用风险问题。可以说,移动支付是一次支付革命,其带来的金融创新前所未有。比如,我们现在所熟悉的滴滴、美团、饿了么等移动平台,它们兴起的共同基础是移动支付。在移动支付出现之前,这些新的业态,根本就不可能出现。以往的现金支付、信用卡支付发展到今天的移动支付,整个社会的网络结构变得更大了,它把人和人、人和机构的距离无限地拉近了,通过每个个体的端口,网络从原来纯粹的线上概念,已经开始把离线和在线结合起来了。移动支付把人类社会的网络结构向前推进了一步,并重构了商业形态,使得金融进一步数字化、网络化。

2.活数据

活数据,即数据和信息始终是活的,是基于线上大数据,且无论何时都可以随时使用,同时也指必须灵活运用数据,使数据始终处在消化以及处理的过程中,并在此过程中不断实现价值与数据量的增加,建构数据循环,应用在金融行业里,就是普惠金融。由于金融的目的是克服不确定性,所以过去的金融行业都是服务相对比较富裕的人群和有能力的企业,而普惠金融的出现改变了以往传统金融的模式,它让普通大众也能享受到金融产品,比如用蚂蚁小贷、京东白条等。

这类产品能够在现代市场成功,就是因为活数据支持的。比如蚂蚁小贷里面有一个产品,是针对淘宝店家的贷款。店家只要递交申请,几分钟就能审核完毕,精准服务。它通过一整套算法,准确对你进行画像,对你进行精准的服务。所以活数据支持的是数据智能,数据智能就支持着风险控制方式的改变,把金融服务做到按需分配。这才会从金融走向普惠金融。同时传统金融行业通过数据收集和分析做的线下金融产品服务,而现在只需要通过技术,把数据导入线上,能够做到活数据支持下的智能金融服务。

3.区块链技术

区块链技术也就是分布式账本,于2008年由中本聪第一次提出。区块链本质是储存各项具备"无法假造""开放透明"集体维护"留痕可溯"等特性的数据以及信息的共享数据库,由于其储存数据的特性,区块链技术成为较为"可信"适合"合作"的数据架构。"在新技术发展前,金融行业的信用是累积的,与时间成正比。金融行业是做信用的行业,金融行业里只有老字号,就是因为信用是积累的,它一直是一个时间维度上的概念,而且一定是中心化的,绝不可能分散。比如投资银行摩根士丹利,从19世纪就开始累积信用。而区块链技术(分布式账本)改变以往基于中枢来保证的信用累积机制,创造了一种跨越时间的"共识机制",创造了一种和以往不同的信用构筑机制。以往的金融行业一直吃"资深"和中心化的饭,而一个跨时间的、分布式的信用机制出现,这对整个金融行业来讲不是改造,是彻彻底底的颠覆。

二、电子金融

(一)电子金融的定义及特征

在20世纪后期,金融与科技结合最突出的表现是利用信息技术推进传统金融业务流程电子化,从而产生了"电子金融"的概念。

电子金融,又叫网络金融,这是基于互联网平台发展起来的金融业务[1]。它以各类借记卡、客户终端为媒介,以互联网技术与网络通信

---

[1]李海涛.我国电子金融风险浅析[J].时代金融,2017(11):43+46.

技术为手段。与传统金融模式相比,电子金融是一种以虚拟化的形式存在于电子空间中的金融活动,它具有以下几种特征。

1.服务方式虚拟化

科技金融市场几乎所有的交易、办公活动都通过网络来实现,银行之间的结算业务也可以通过电子数据来完成。传统金融中,业务文件的传递均以面对面的交流进行,路程较远的则借助于EMS等邮寄方式,不仅花费大量的时间,还需要大量的人力物力,造成社会资源极大的浪费。电子金融的出现,业务人员只需要借助网络的传递功能,进行交易信息的传递。为保证交易的安全可靠,人们则采用了数字验证技术和公开密码技术等技术手段。

2.业务多元化

电子金融产品的大量涌现使金融机构的业务更加多元化,金融机构可以涉及金融领域的多个方面,如平安集团。同样从事网络金融服务也不再局限于传统的金融机构,这样使得金融业原本以板块式分工的格局被彻底打破,互联网的多元化信息使包括金融业在内的各行业的混业经营模式拉开帷幕。

3.地域化限制的消失

电子金融机构虚拟化降低了传统金融机构因地域限制带来的业务影响,只要有互联网终端就可以将业务网络延伸到世界的任意角落。同时,电子金融机构虚拟化打破了传统金融市场的时空限制,只要有互联网终端就可以随时办理支付结算等业务。有了电子金融,地域及时空的限制将不再是制约金融快速发展运行的重要因素。

(二)电子金融发展的必然性

第一,电子金融与电子商务互相促进,共同发展。概括来说,电子商务就是将传统的线下商品交易在线上完成。交易双方、商品,以及资金作为传统商品交易中必不可少的三要素,在电子商务中表现为商务信息流、商品配送及资金支付。电子商务的发展开创了一种新兴的经济环境,这种新的经济环境需要一种新的交易媒介去完成,这就促进了以银行网上支付为代表的电子金融的发展;同时,电子金融拓展了这种新经济模式的交易平台,加快了电子商务前进的步伐。

第二,电子商务的发展使金融市场走向网络化。电子商务的发展使传统的商品交易市场摆脱了地域、空间以及时间方面的限制。与传统的商品交易市场相比,电子化市场所需要的信息成本小很多。这就大大削弱了实物货币在商品交易市场中的媒介作用,为确保金融行为在价值链的重要作用,电子金融应运而生。

第三,电子金融的经营成本较传统的金融机构降低很多。与传统金融机构相比,包括网络银行、手机银行等电子支付系统在内的电子金融的经营成本要小很多。首先,电子金融一次性投入相应的成本完成开发后,银行不需要花费大量的人力物力在客户端的运营上,减少了网点建设支出;其次,电子金融产品的大量运用,降低了人力资源成本。传统的银行按形态属于有形银行,有形银行需要雇佣大量的柜员去重复简单而机械的存取款业务,提高成本的同时,仍然无法完全避免银行人员手工操作中出现失误。而电子银行的出现,很大程度上将这种重复性很高的人力劳动通过网络完成,降低了人力资源成本;最后,电子金融的出现不仅可以减少客户和银行工作人员往来于有形银行之间的在途时间,大大提高了工作效率,显著减少了客户、银行的经营成本,同样也降低了社会成本,提高了社会效益。这也是电子金融得以发展的主要原因。

三、互联网金融

(一)互联网金融的定义及特征

随着互联网技术逐渐在金融领域得到广泛应用,从而催生了"互联网金融"的概念。

2015年7月,由中国人民银行等十部委联合印发的《关于促进互联网金融健康发展的指导意见》中明确指出,互联网金融是指传统金融机构与互联网企业利用互联网技术和信息通信技术实现资金融通、支付、投资和信息中介服务的新型金融业务模式。互联网金融不是互联网和金融业的简单结合,而是基于"互联网思想的金融",即体现着"开放、平等、协作、分享"的互联网精神向传统金融业的渗透,是传统金融行业与互联网技术相结合的新兴领域。所以,只要是具备互联网精神的金融业态就能称之为互联网金融。

互联网金融的特征主要表现在以下几个方面。

1.与电子商务相伴共生

互联网时代的电子商务平台,是一种轻资产形式的虚拟营业场地,其价值通过其广泛连接的商务机构网络得以充分体现。平台在与各类外部机构建立连接的同时,与所连接机构双方的资源也实现了有效的互补。一方面,平台为外部机构提供了用户、账户、支付工具等一系列的基础资源;另一方面,外部机构为平台增添了各类业务、产品资源。双方通过彼此连接快速实现了资源的共享,彼此经营能力都得以快速提升。广泛连接下的资源聚合,成为互联网平台的核心价值体现。

2.积极跨界的经营活动

跨界让互联网商务平台具备了无限的可延伸性,特别是以往不能想象的商务领域向金融领域的大尺度跨界。一方面,电商平台基于商品贸易活动出发,向搭建闭环生态补充各类金融禀赋。比如,支付宝、财付通等支付工具作为电商网站配套设施的蓬勃兴起,京东白条、蚂蚁花呗等消费金融产品的积极涌现,电商网站在用户信用评级、水电煤缴费、信用卡还款等个人综合金融服务方面提供平台。另一方面,金融机构也在向商业反向跨界,并在银行、证券、保险等机构之间相互跨界。自中国建设银行首推电子商城以来,大量的商业银行开始自建商务网站,纷纷推出商品和金融产品销售。此外,证券机构、基金公司也在跨界开展支付、网贷和财富管理服务,提供一站式的综合服务。

3.平台开放广泛连接

互联网金融平台间不断扩展的互联互通,极大地丰富了多维延伸的电子商务空间,用户不但可以通过——个入口完成所有服务和产品的选择,而且大大提高了选择的可能性和便捷性。各种互联网平台开放地以企业对企业(B2B)形式,带着各自的客户资源,通过连接完善了平台功能,实现共享资源。而广泛连接又为平台导入的流量带来了新的价值,比如:有的大型平台可以把流量导向垂直渠道进行精准营销;几大平台商定时间联合组织促销;平台主动焊接功能型网站(如征信、支付)等。这种商业联盟既形成了互联网时代的专业化分工,又实现了互为客户、互为服务、互为资源的局面。连接越多,流量越大,平台的资源也就越多,潜能就越大,价值就越高。

4.基于大数据精算账户

在互联网金融平台广泛连接的基础上,无论是传统的银行存款账户,还是为支付便利开立的支付账户、优惠积分账户、电子钱包账户,或是迅速成长的个人理财账户、高端财富管理账户等,都可以成为个人金融资产或货币财富集聚的大本营,作为消费、投资行为的出发点和归宿点,所有个人财富的商业价值派生于账户。在一个账户之内,货币资产据以集聚,金融业务、金融产品和投资的分类、分级账户可以集成管理和相互转化。同时,客户的风险偏好、消费能力、行为特征、品牌倾向等,均能通过账户这一经营单元的原始交易数据进行归集,并基于这些数据进行定制化推广和精准营销。就互联网金融平台而言,通过账户,用户可以更好地获取综合金融服务,而平台经营者则可以更好地向用户提供丰富的金融产品和综合金融服务。因此,谁拥有了规模化的账户体系,谁就拥有了丰富的金融资源;谁能够有效开发并经营好账户体系,谁就能在互联网金融大潮中抢得先机并占有市场竞争的制高点。

5.自我进化的生态圈

平台的广泛连接和账户的持续创新,带动了互联网金融向生态化演绎。一方面,互联网商务的延伸效应使得各种金融产品和增值服务可以在平台上自然生长,用户基于一个平台、一个入口可以选择多种产品和配套服务;另一方面,支付、电商、网贷、众筹、理财等基础的金融要素,在一个平台上繁衍成互为依存的生态环境,彼此带动,相互提携,交叉发展,形成了一站式自我进化的综合服务的互联网金融生态圈。比如,BAT三巨头(指百度、阿里巴巴、腾讯三大公司)互联网生态体系的构建,无一不是从某项服务出发,到支付工具、搜索引擎、电子商务等平台的搭建,再到积极构建囊括餐饮、娱乐、打车等具体应用场景在内的生活生态圈。

6.便利的普惠金融

互联网金融平台对传统商业长尾客户的服务改善则表现为一种金融普惠性。过往由于各种原因无法得到有效金融服务的群体,借助互联网方式享受到了福利。这一点在小微企业金融服务领域表现鲜明。一方面,由于互联网技术边际成本极低,大大降低了金融服务的沟通成本和交易成本,小微企业这些过去未得到银行充分服务的客户越来越成为银行的重点对象;另一方面,大数据、云计算等技术使银行能够及时掌握客户的交易数据和行为信息,提升了风险控制水平,融资难的瓶颈正在逐步突破。互联网超越了实体经济的发达程度和边远地区乃至山区的物理交通阻隔,将无差别的普惠金融服务传播到不同的空间和所有的人群。

(二)互联网金融的本质

在"互联网+"思维的引导下,互联网金融不断创造出新的网络金融产品,几乎覆盖了全部的传统金融业务领域,但互联网金融从事资金融通、资源配置和风险管理的本质属性不会改变,因此,互联网金融的本质仍然是金融。

1.互联网金融的主要功能是筹集融通资金

金融的本质是实现资金供给者和资金需求者的融通,促进储蓄向投资转化。而正是资金供求双方对更高效资金融通的追求,成为互联网金融诞生和发展的内在动力。譬如网络借贷和股权众筹的发展,满足了大量小微企业的融资需求和普通投资者的投资需求,提高了"储蓄—投资"转化率。

2.发展互联网金融的主要目的是提高资源跨时空配置效率

从微观角度来看,金融目的就是实现资源的跨时空优化配置,而互联网金融充分利用互联网去中心化、信息对称、普惠可获得、无空间限制等特征,并通过大数据、移动支付、云计算、搜索引擎等新技术和新工具,大幅降低了金融交易成本和运营成本,提高了资源配置的效率。

3.互联网金融的规范发展需要有效监管

互联网金融本质上仍属于金融,同样存在信用风险、市场风险和道德风险,没有改变金融风险隐蔽性、传染性、广泛性和突发性的特点。互联网金融不能游离于金融监管框架之外,必须通过有效监管才能守住不发生系统性金融风险的底线。加强互联网金融监管,是促进互联网金融健康发展的内在要求,同时互联网金融是新生事物和新兴业态,要制定适度宽松的监管政策,为互联网金融创新留有余地和空间。

四、数字金融

(一)数字金融的定义

金融与科技的进一步融合在促进金融创新的同时,颠覆了传统金融服务方式,发展形成了数字金融业态。首先出现的是"数字普惠金融"概念,2016年G20峰会强调利用数字技术推动普惠金融发展。但由于数字金融概念出现较晚,并未形成统一的定义,在定义角度与侧重点等方面存在一些差异:基于"金融—科技"双重属性,数字金融是指传统金融机构和互联网企业利用数字技术实现融资、支付、借贷等金融服务的新型金融模式;基于对传统金融服务的改造,数字金融就是将大数据、云计算、区块链、人工智能等数字技术与传统金融服务深度融合发展形成的新型金融服务;基于数字金融表现形式,包括移动支付、手机银行、电子钱包、网上银行、网络借贷等金融服务;基于数字金融载体,数字金融被界定为通过移动终端、个人电脑、互联网等提供的一系列金融服务。

不过,数字金融与这些相关概念存在本质区别:首先,数字金融的参与主体既不局限于传统金融机构,也不局限于互联网企业和金融科技公司,而是兼而有之;其次,数字金融涵盖的领域边界已显著拓展,已从金融机构业务管理的电子化和信息化、金融服务交易的线上化和移动化,拓展为金融服务全流程数字化,甚至还颠覆了货币形态,形成了数字货币。随着数字货币的推广与普及,数字货币必将成为数字金融的基础性要素。同时,发展数字金融所依托的底层技术已显著升级,已由计算机信息技术、移动互联技术等传统技术升级到大数据、云计算、区块链和人工智能等前沿数字技术。

至于,金融科技、电子金融和互联网金融,它们侧重于金融创新趋势的经济特性、场景特性和技术特性,归根结底描述的都是信息技术支撑下的新型金融业务模式。根据2020年4月世界银行发布的《数字金融服务报告》中对数字金融的定义,数字金融是传统金融部门和金融科技企业利用数字技术进行金融服务的金融模式。数字金融是数字技术与传统金融的相互融合与相互渗透,是在传统金融的基础上表现出来的新形势、新技术、新模式。

(二)数字金融的理论来源

1.政治经济学货币理论与虚拟资本

数字金融的本质是金融,金融的基础性要素是货币,数字金融与政治经济学货币理论有着深厚的渊源关系:一是数字金融优化了货币的流通手段,依托于数字技术可以实现跨空间"7*24"小时交易结算、追溯信息流和商品流,突破交易物理空间和交易结算时间的约束,有效拓展生产活动联结的时空边界;二是数字金融强化了货币的支付手段职能,传统金融方式下,基于清偿债务的货币支付普遍被局限于与企业之间,或者零售商与熟人之间,而数字金融的出现使得赊购赊销在消费过程中变得更为普遍和便捷;三是数字金融促进了货币形态改变,如果法定数字货币得以推广应用,将成为继电子货币之后的最新货币形式,这无疑将重塑整个金融生态体系。同时,数字金融进一步加深了资本虚拟化程度,提高了资本集中的速度和规模。随着信用制度的发展,产生了专门运营借贷资本的银行家,借贷资本形式逐渐虚拟化。虚拟资本的发展加速了资本集中,使得生产规模得到极速扩张。但是,由于借贷资本存在较高的进入门槛,在中小微企业占比较大与居民财富积累较少的社会,资本集中是远远不足的。而数字金融一方面创造了新的金融工具或组织,例如众筹、微众银行、网商银行等,极大丰富了虚拟资本的种类和运作渠道,另一方面,数字金融降低了交易门槛、增加了交易的便捷性,增强了虚拟资本的资金吸附能力。

2. 金融结构理论与金融功能理论

金融发展就是金融结构的变迁,而金融结构是金融工具和金融机构的相对规模,金融结构可以划分为"银行主导型"与"市场主导型"两种形式,其中,"银行主导型"金融结构具有更有效的跨期风险分担机制,而"市场主导型"金融结构的跨部门风险分担能力更强。学者普遍更倾向于动态调整的金融结构,随着经济发展和实体经济融资需求的变化,金融结构会进行与之相匹配的动态调整演变。在数字金融模式下,可以利用数据要素的价值加强和改进银行主导的金融结构效率,降低资本市场由于信息不对称引发的低效甚至无效的状况,进而促进数字经济时代下的金融结构优化。金融结构优化的本质是更有效地发挥金融功能,以更加主动积极的金融创新丰富金融产品,更好满足实体经济金融需求,这与金融功能理论密切相关。金融功能理论强调金融运行的市场环境是不断变化的,所依托的技术是不断进步的,金融结构也是不断变化的,但金融功能始终是基本相同的,金融功能较金融结构更为稳定。数字金融的发展无疑是围绕改善金融功能推进的。例如,以支付宝、微信支付等更便利的移动支付为代表的支付方式极大地降低了经济社会交易的"鞋底成本",优化了金融清算支付和结算支付服务功能。

3. 网络经济理论与平台经济理论

平台经济理论认为,平台是一种连接两个或多个特定群体,并为其提供满足需求的互动机制,进而通过收取一定费用等方式从中获益的现实或虚拟交易空间。数字金融业务的开展自然离不开互联网平台的支撑,第三方支付、网络贷款、网络众筹、网上银行等数字金融业态属于典型的平台经济。这类数字金融以平台为中心,使得传统金融业"单点—单向"模式转变为"多点—双向"模式,市场参与主体通过数字金融平台可以自行完成信息的甄别、匹配,从而完成交易,塑造"7*24"小时全时空的全新金融模式,大大提高了资金运行效率。同时,可以通过云计算和大数据等数字技术对数字金融平台沉淀下来的交易记录、交互行为和违约支付行为等海量结构化与非结构化数据进行信用价值的分析挖掘,实现对参与主体行为模式和声誉情况的精准画像,进而确定营销渠道与方式,以及借贷融资的金额、期限和利率等。另外,依托于网络系统建立的数字金融平台,其物理承载水平往往远超用户使用的极限,参与主体间不存在竞争性和排他性,因此数字金融产品一旦开发出来,其边际成本接近于零。

综上所述,数字金融的发展具有深远的理论渊源,促进其发展的内在动力是不断完善金融服务功能,提升金融服务效能,降低金融服务成本,增加金融服务便利性;而促进其发展的外在条件是数字技术在不断进步并广泛应用于金融行业。网络经济理论可以被认为是数字金融发展最直接的理论来源,但还有待于聚焦金融领域新的数字化实践,并结合不同国家的制度背景,发展形成广泛适用、体系化的数字金融理论体系。

(三)数字金融测度方法

数字金融发展程度的测度方法包括单一指标法和综合指数法。单一指标法就是用与数字金融业务相关的单一指标来衡量数字金融的发展程度,常见的单一指标有第三方支付、网络借贷额。但是单一指标法可能会导致对数字金融解读不够全面、适用性存在严重缺陷等问题。综合指数法又分为基于调查数据构建的综合指数、基于文本挖掘数据构建的综合指数、基于底层交易数据构建的综合指数。其中,基于调查数据构建综合指数,即通过在问卷中设置数字金融使用与否、使用频次、使用范围等相关问题作为数据来源构建数字金融综合指数。但由于学者对于数字金融依托的工具、渠道选择存在差异,设置问题及赋权方法等也存在差异,因此该方法可复制性较弱,标准性不足,内涵不一致,差异性较大。基于文本挖掘数据构建综合指数,即通过建立数字金融初始词库,并依据某个或某几个搜索引擎的次数条目建立数字金融指数,如北京大学互联网金融情绪指数、金融科技运用程度等,但该方法仍然存在标准性不足、内涵不一致、差异性较大的问题。同时,所建立的初始词库与数字金融内涵本身也存在差异,会导致测度结果存在较大偏差。基于底层交易数据构建的数字金融综合指数以数字普惠金融指数为代表,该指数依托蚂蚁金服交易账户大数据,选取涵盖信贷、支付、投资、保险、货币基金和信用服务的33个指标,采用基于层次分析的变异系数赋权法构建而得。由于该指数时间跨度相对较长、结构性突出、层次性分明,在现有的数字金融相关文献中,普遍采用该指数来衡量数字金融的发展程度。但是,该指标也存在一定的缺陷,其实际内涵仅包括狭义的数字金融,而所用的底层数据只是蚂蚁金服交易账户数据,未考虑其他新兴金融机构的数字金融业务,也未考虑传统金融机构的数字金融业务。

第二节　数字金融的发展转变

数字经济已逐渐成为引领世界经济增长的新引擎和竞争的主战场。数字金融作为数字经济的重要组成部分,对数字经济发展具有决定性和驱动性作用。数字金融雏形是1998年诞生于美国的一款在线支付工具———PayPal,在此之后,中国阿里巴巴的"支付宝"、英国网络借贷平台"Zopa"、美国网络借贷平台"Prosper"于2004—2006年间陆续上线。美国次贷危机后,传统金融机构向实体经济输送金融资源的渠道受限,网络平台乘势而起,进一步加快与金融信贷业务的深度结合,数字金融以令人惊叹的速度助力金融行业各方面通往革新升级时代。众多国家已经把发展数字金融作为提升国家竞争力的重要着力点,通过发放数字银行牌照、制定发展规划、实施数字支付法规、加快法定数字货币研发等方式促进本国数字金融生态不断丰富和完善。

一、数字金融与传统金融

考察既有文献发现,学术界对数字金融与传统金融关系的认知主要有三种观点,分别是"替代论""互补论"和"竞合论"[①]。

---

① 亓鹏,韩庆潇.金融科技发展有助于农商行业务回归本源吗? 来自县域农商行的微观证据[J].金融发展研究,2022(07):46-54.

"替代论"认为,数字金融可以打破由直接融资和间接融资构成的传统金融格局,建立起全新融资模式,基本上可以替代传统金融。我国的数字金融市场已经达到一定的广度和深度,并逐渐成为存贷款市场、中间业务的有力替代。例如网络贷款、众筹等网络融资模式,通过网络平台而不是传统金融中介将投融资联系起来,同时包含了债权融资和股权融资。负债业务方面,余额宝等货币基金型产品凭借其收益性和便捷性,逐渐挤占商业银行的存款业务,数字金融货币基金业务对传统银行存款业务的替代作用导致了银行存款的分流。资产业务方面,依托信息技术的数字金融在拓宽风险评估的来源、挖掘用户潜在需求、提高风险定价效率等方面对现有金融模式产生了颠覆性的影响,使得数字金融平台能为客户融资需求设计和提供更精准、合理的信贷产品。中间业务方面,移动支付的便捷性使互联网支付成为越来越受欢迎的新型支付方式,这极大地削弱了银行中间业务的获利能力,加剧了银行支付业务的竞争性。风险管理方面,研究证明基于机器学习和大数据分析的信用评分模型优于传统的银行方法。

"互补论"认为,数字金融本质上只是传统金融理念、流程及业务的创新与延伸,并未产生实质性的颠覆影响,传统金融存在不可替代性,数字金融只能是传统金融的有效补充。传统金融的不可替代性主要体现在两个方面:一是数字金融需要传统金融的基础支撑,例如大量的金融知识、人才与风险管理经验的知识溢出、资金支持、有效的金融监管等;二是部分传统业务不可替代,数字金融需要传统金融机构及业务的基础支撑,传统金融机构的核心业务不会受到威胁。数字金融有助于弥补传统金融服务的空白,依靠先进数字技术信息获取优势,进一步借助场景、数据和金融创新来降低金融服务的门槛和服务成本,改善融资环境,可以迅速释放中小企业贷款市场和个人消费贷款市场潜力。从地域视角来看,数字金融能够弥补欠发达地区传统金融的不足,发挥"长尾效应",然而对于发达地区来说,数字金融对其更多的是锦上添花的作用。

"竞合论"认为,数字金融发挥着"鲶鱼效应",促进金融服务"存量优化"与"增量补充",数字金融与传统金融之间存在较大的融合空间,已从最初的单一竞争关系逐渐转向跨界竞合发展。数字金融与传统金融之间既有竞争也有合作,二者之间的"竞合"互动推动着金融结构变革、金融效率提升。随着数字金融的深入发展,传统商业银行为谋求竞争优势开始积极地拥抱金融科技,加大了数字金融平台建设投入,基于线上服务模式不断升级原有的产品和服务、开发新型金融产品,逐渐向数字化、网络化和智能化的生态金融模式过渡。

综上可知,"替代论"过分夸大了数字金融对传统金融的影响,数字金融并不是利用网络技术构建出替代传统金融的毁灭式创新模式,而是侧重于如何利用数字技术改造传统金融业务流程、融资模式。但是,数字金融与传统金融也并非完全的"互补关系",因为数字金融的发展确实会对传统金融机构部分业务造成冲击,尤其是对银行的存款业务和表外业务。总体上,数字金融与传统金融为"竞合关系",数字金融发展加剧了金融业竞争程度,倒逼传统金融机构进行数字化改革,积极创新开拓数字金融业务,而数字金融也必须依托于传统金融基础支撑。

二、数字金融与经济发展

(一)数字金融与经济发展:宏观视角

数字金融的宏观经济影响首先表现为经济增长效应。现有研究普遍认为数字金融对经济增长及质量提升有积极作用,主要存在要素配置、创新、创业、绿色发展等渠道。其次是对货币政策效果的影响,具有不确定性:数字金融会强化欠发达国家货币政策效果,弱化发达国家货币政策效果;增强价格型货币政策的有效性,削弱数量型货币政策的有效性;放大利率渠道的货币政策效果,弱化信贷渠道的货币政策效果;提升金融发展程度,打破"银"与"非银"金融市场分割,有利于数字金融促进货币政策效果发挥。同时,数字金融也会影响政府融资,主要聚焦于对政府债务融资的影响,总体来看,数字金融对缓解地方政府债务融资困境具有明显的促进作用。在地方政府融资过程中数字金融通过大数据可以把市场资本的投向、期望收益和风险偏好与政府融资的期限、规模和预期经营效率进行高效匹配，提升融资效率。数字金融也会衍生出众多新型数字化业务场景和市场融资平台，有利于更加充分地吸收社会各方资本，拓宽资金来源，提高地方政府债务融资规模。除此之外，数字金融依靠云计算技术和大数据分析可以更科学地为地方政府债券的期限和规模进行评定，有助于财政杠杆激励效应的充分发挥。

(二)数字金融与经济发展：中观视角

数字金融在一定程度上打破了原有的经济地理格局，对生产要素分布具有重塑效应。城乡收入方面，现有研究普遍表明，数字金融发展有利于缩小城乡收入差距。从成因来看，数字金融所带来的福利效应会引起周围地区的模仿学习，促进资本、技术、劳动力的跨区域流动，使得数字金融对城乡收入差距的影响具有空间溢出效应，实现城乡地区间的协调发展。区域创新水平方面，现有研究尚存在争议：一方面，部分研究肯定了数字金融对区域创新的积极作用，数字金融可以为区域创新水平提升提供基础和保障；另一方面，也有学者的研究发现创新优势地区凭借其原有优势容易对人力、金融等创新要素形成虹吸效应，使得数字金融在区域创新层面表现为"马太效应"，逐步拉大区域间的创新差距。产业结构升级方面，数字金融能够凭借其网络化、智能化和数字化的特点，为创新主体搭建更广阔的合作交流平台，促进创新主体之间加强协作，密切金融机构与创新主体之间的交流，降低信息不对称，推动科技创新产品走向市场，进而实现产业结构升级。

(三)数字金融与经济发展：微观视角

从微观主体出发，数字金融会对居民收入、消费、企业生产产生影响。现有文献普遍认为数字金融发展有助于提升居民收入，创业是讨论最广泛的作用路径，数字金融不仅可以为创业者提供资金帮助，还可以降低其创业风险。数字金融有利于促进居民消费增长，通过改善支付意愿与信贷约束，更加便利地发挥信贷功能，有助于优化家庭金融资产配置。企业生产方面，现有研究主要关注数字金融对企业创新的影响,一方面,数字金融可以提高创新主体与目标客户的交互性,并通过优化匹配路径、改善价格机制等提升企业创新水平。另一方面,数字金融可以缓解企业面临的融资约束问题,从而正向促进企业创新活动的开展。同时,数字金融可以通过有效提升金融配置效率激活金融体系的供给潜力,从而驱动企业创新。这得益于数字金融依托的数字技术有助于规避金融市场中道德风险和逆向选择问题、加快借贷审批速度,进而实现融资渠道的拓展及丰富,以及资金供需的精准匹配。

三、数字金融风险与监管挑战

数字金融的兴起在为经济金融发展带来积极影响的同时,产生的风险也引起了政策制定者和学者的广泛关注。数字金融的风险体现在三个方面:一是风险传染与放大效应。数字金融淡化了金融边界,使得其风险识别更为困难。同时,数字金融存在明显的网络外部性,易引起泛金融化、技术和操作风险等,并通过风险传染、溢出效应放大金融风险,进而提高系统性金融风险。也有研究认为大型数字金融公司有时会导致市场份额更加集中化,从而可能带来新的金融系统性风险。二是增加金融机构的风险承担。数字金融推高了银行业的资金成本,加剧了信贷竞争,银行业的存贷利差收窄,加剧银行的风险承担行为。三是暴露新风险。数字金融发展在强化一些固有金融风险的同时,也暴露了新业态和新模式下的新风险,例如,广受关注的网贷平台等具体业态存在的潜在风险。在这些领域内,类似无证上岗、野蛮生长和庞氏骗局这样的现象十分普遍,如果不设法改变这种局面,极有可能产生"劣币驱逐良币"现象。然而,当前监管体系监管制度及举措的创新相对于数字金融发展的步伐是滞后的。自美国次贷危机以来形成的现有监管体系难以应对分散化的数字金融市场所面临的相关风险,监管方式和监管模式等方面都面临着全新挑战。部分学者就如何改进现有监管体系进行了一些探讨:在监管理念方面,应该从宏观、历史的视角来理解数字金融的影响,深刻把握数字金融的金融本质,并将其纳入传统监管体系内;在监管目标方面,应重点关注金融稳定、金融服务可得性和消费者保护等,并在实践中注意平衡不同监管目标；在监管思路方面，"堵不如疏"，监管部门应摒弃通常以在位者为中心的思路，更多地关注新进入者，充分利用科技治理、数据工具，实现对数字金融的动态监管；在监管方式方面，应在传统监管之外增加科技维度，形成科技驱动型监管体系，构建包括事前准入及测试、事中实时动态监测和事后风险处置的智能环路监管机制。

四、数字金融的发展趋势与亟待解决的问题

数字金融切实对经济金融各领域产生了全方位、多层次的影响。数字金融的本质是金融，驱动其发展的内在动力是不断提升金融功能，数字技术进步是其发展的外在条件，最直接的理论来源是网络经济理论。现有的数字金融测度方法和数据缺陷使得研究对象无法与界定概念完全一致，这是阻碍该领域研究的重要原因之一。数字金融与传统金融关系的主旋律为"竞合"，二者在竞争与合作中重塑金融业态，进而对经济增长与宏观政策效果、区域创新与产业结构、居民收入消费与企业生产等产生深刻影响，金融风险传染、金融风险承担等也随之改变，对金融监管提出了新的挑战。伴随着数字技术的快速迭代，金融与科技的融合之旅仍将继续，并将持续推动金融模式以更快的速度、更大的幅度发展演变。

数字金融未来的发展趋势主要体现在以下三个方面。

一是数字金融将成为数字经济时代金融发展的主旋律。这意味着传统金融与数字金融将不再是同一时空并行的概念，尤其是随着数字货币的推广使用，传统金融业务全流程都将加速进行数字化改造，呈现出新的金融形式，从某种程度来说是数字金融模式将替代传统金融模式，但并不意味着替代传统金融业务，而是金融业务及其管理的全流程数字化转型，进而推动整个金融业进入数字化时代。

二是数字金融服务场景化与路径依赖。无论是传统金融机构，还是提供金融服务的新兴机构或企业，纯金融服务发展模式的竞争力已经明显下降，将金融植入到需要金融支持的环境下，以尽可能短的时间、尽可能简洁的流程提供金融服务和非金融服务，是数字经济时代金融服务发展的必然趋势和要求。目前，面向居民的场景化数字金融

服务发展已经较为充分,极大地便捷了居民生活、消费及工作,激发了居民金融参与活力。但是,面向企业的场景化数字金融服务模式尚未发展成熟,未来发展空间巨大。当然,数字金融的场景化发展将使金融需求方逐渐形成新的路径依赖,极易产生卖方市场和垄断问题。

三是数据及其价值应用将成为数字金融发展的核心竞争力。随着各类金融机构金融业务全流程数字化转型,数字金融发展网络化、数字化、虚拟化特征将进一步凸显,数据沉淀将更为系统、完备,数据将成为金融机构的基础性资源,数据资源带来的效益则取决于金融机构的数据价值开发应用能力。因此,不难预见,数据及其价值应用将成为数字金融发展的核心竞争力。

目前数字金融发展模式尚未成熟和定型,其快速发展必将伴随着新规律、新风险、新问题的产生,为推动数字金融平稳健康发展,需要社会各界通力合作,致力于解决以下关键问题。

一是构建数字金融理论框架。新的金融业态需要新的金融理论的支撑,现有研究普遍基于放宽某一理论的假设等来解释数字金融某一方面的功能或特征,解释力较弱且不够连贯和系统,亟待形成系统完整的数字金融理论体系来解释和指导数字金融发展。

二是如何剥离或者区分数字金融中的金融要素和科技要素贡献。数字金融具有"金融""科技"双重属性,二者有机结合才能促进数字金融发展,缺一不可。那么如何区分金融要素与科技要素对数字金融发展的相对重要性,或者说如何区分金融与科技的要素贡献。进一步,数字金融发展依托的技术进步并不等同于广泛意义上的技术进步,是底层通用技术经过转化应用的金融应用技术,本质上属于有偏技术进步范畴,但是也依赖于通用的无偏技术进步,那么在宏观系统分析时,又如何区分金融要素、通用科技与金融应用技术要素贡献。

三是数字金融概念内涵与指标内涵的统一化。现有研究数字金融概念内涵与测度指标的实际内涵往往是不一致的,概念上,数字金融的内涵更为准确,而测度指标较为片面,主要集中于对新兴金融企业或者模式发展情况的测度,而忽略了传统金融机构开展的数字金融业务和传统金融业务的数字化转型。这主要是囿于数据可得性与技术可行性，既需要打破广泛存在的数据孤岛问题，也需要在核算统计方法上取得突破性的进展。

四是数字金融标准与机制问题。目前，金融机构与非金融机构开展数字金融业务还是各自为营，一致性不足，在许多传统金融机构，数字金融甚至只是扮演着补充辅助角色。因此，要促进金融行业整体性、深度化的数字转型，推进全行业向数字金融模式转变，必须形成统一的标准、规则、法规和监管制度，既要继续通畅自下而上的倒逼改革机制，也要主动作为，健全完善自上而下的引导规范机制，形成"有效市场＋有为政府＋有力社会"数字金融发展机制。

五是数字金融发展的其他问题。主要包括数字金融与数字货币、数字金融技术与产品创新、数字金融与货币政策有效性、数字金融风险与金融监管、数字金融成本与收益核算、数字金融的社会福利问题、数字金融的国际合作治理，等等，这些问题有部分内容在上述文献有所涉猎，但大部分内容均还未被学术界纳入研究视野。

第三节　我国数字金融的发展历程

目前，中国在数字金融领域有着举足轻重的作用，国际知名研究机构 IDC Financial Insights 发布的"IDC 全球 FinTech Rankings"显示，中国 14 家企业入选 2022 年全球金融科技百强榜单，中国金融行业技术创新及数字化转型正加速推进。根据数字金融发展程度，将我国数字金融的发展历程主要分为两个阶段，分别是起步、发展阶段。

一、我国数字金融的起步与发展

（一）我国数字金融起步阶段：2003—2015 年

在 1994 年，中国完成了全功能接入互联网的愿望，成为互联网大家庭的一员。它的出现，对当时的人们产生了极大的吸引力，为人们认识世界打开了另一扇窗，人们不断通过上网实践、发展自己的认识。

传统金融机构的互联网化，大多是通过接入电话、设置自动存取终端的形式进行进化。

渐渐地，人们开始畅想借助互联网进行虚拟及实体的金融交易，但是支付问题也渐渐浮现，而这也间接促使了支付宝交易的产生。在网购过程中，买家线上支付资金给第三方交易机构支付宝，待收货后支付宝将资金转给卖家，在买家收货之前，支付宝可以对担保中的进行流动资金管理，以便更高效地利用资金，这便是数字金融的雏形。支付宝在2003年下半年诞生后便受到热捧并不断发展，业务分为账户侧与收单侧两大业务板块。面向客户账户侧，以帮助客户完成资金留存、资金结算等为主要功能，面向企业收单侧，以帮助企业收单、结算为主要功能。

央行在2010年确认了第三方支付机构是一个具有政府认可的支付许可证照的法人企业。阿里巴巴、京东等企业在政府文件的帮助下，明确了自身定位，其旗下的支持网络支付的线上购物平台也更加深刻地融入普通百姓的生活，促使第三方支付的迅速壮大。在2013年余额宝的上线，被认为是中国数字金融产生发展的元年。在此之前，投资者进行理财的资金门槛高，需要用大量现金，对接基金经理，理财门槛高，而余额宝等线上理财产品购入门槛低，购入与赎回方便，满足了国内数量巨大的小额资金投资者的需要。伙伴对伙伴的服务不断增多，更多的金融服务着眼于人们的日常生活。政府也在这一阶段更加重视监管，出台了不少针对数字金融的法规与办法。在这一阶段主要是将传统线下完成的业务利用互联网，变成线上进行，业务领域的创新相对较少，更多的是已有业务模式的互联网数字化。

（二）我国数字金融发展阶段：2016年至今

自从十九世纪末二十世纪初中国的数字金融开始萌芽到如今，不过短短十几年时间，但是，中国的数字金融已经成为引领世界数字金融发展的一面鲜红旗帜。当前，中国数字金融行业的市场规模仍然不断增长。截至2019年，中国数字金融行业的市场规模已经超过一万三千亿元，年增速超过20%。蚂蚁集团、京东金融、众安在线财产保险股份有限公司已位居全世界五大数字金融公司之列。许多国家及企业纷纷以中国第三方支付业务、网络贷款、数字保险以及数字货币等为学习对象并借鉴中国的发展模式开展自己的业务。根据中国互联网络信息中心（CNNIC）发布的《中国互联网络发展状况统计报告》显示，截至2021年12月，我国已经有10.32亿的网络使用者，较2020年12月增长4296万，互联网普及率达73.0%。随着互联网普及率逐渐升高，数字技术与普惠金融深度融合发展，数字支付产品逐渐趋于多元化，例如蚂蚁金服的"支付宝"、腾讯旗下的"微信支付"、工商银行的"工银e支付"、农业银行的"农银快E付"等，便利了居民的生活。与此同时，互联网理财、互联网借贷蓬勃发展，促进了数字金融服务更好地发展。

我国的数字金融主要有五大部分的业务，分别是移动支付、在线投资、数字保险、信用服务、在线借贷[1]，其中又以移动支付业务为基础，在线投资为特点。在这一阶段，第三方支付行业的发展越来越规范化，并且热度不减；以银行为代表的传统金融机构不断密切与金融科技公司的合作。在2016年，G20会议通过了旨在加强各国数字金融合作的数字金融高级原则，数字金融由早期的单打独斗逐步变为互利共赢。

近年来，随着金融科技的不断加速升级，应用领域的不断拓展，创新对于金融来说，也越来越不满足于传统行业的数字化，越来越多地以制造业等非金融机构为主导，利用不断进步的技术与飞速发展的科技，设计更为智能、更加现代化的创新性产品；利用数字金融方面的人才对企业的服务模式进行颠覆式创新。2019年底，新冠肺炎肆虐全球，不仅给人民的生命安全造成极大威胁，也给经济发展按下了暂停键。但是，数字经济却在此时，不仅抵挡住了疫情的冲击获得了发展，还为减轻疫情对其他部门和企业的冲击作出了不可忽视的贡献。我国的数字化支付系统为疫情时的隔离生活提供了技术保障，互联网银行、资金互助组织与公益性小额信贷组织等金融机构或组织为支持小微企业复

---

[1] 牛东芳，沈昭利，黄梅波. 中非共建"数字非洲"的动力与发展路向[J]. 西亚非洲，2022（03）：66-87+158.

工复产、减少疫情对其的冲击作出了贡献。健康码相关的大数据技术也为我国在疫情期间的经济复苏及发展作出了贡献。

1. 移动支付业务为主

移动支付是数字金融发展的根基与主线，是打通数字经济闭环的关键。以"云闪付"、微信支付等为代表的非现金移动付款方式的兴起，扩展了市场边界，降低了交易的时间成本与货币成本，促进了数字经济的发展。在当前，随着无线通信终端越来越发达、数量越来越多，以及互联网的速度越来越快，人们越来越倾向于使用手机。人们也更愿意通过各大金融机构的手机软件终端进行金融活动、获取金融服务、更习惯于使用线上缴水电费、点外卖等社会服务项目提升办事效率与生活品质。因此，移动支付成了数字金融最频繁的业务之一。据测算，以2020年年底为时间点，中国使用手机网络进行支付的用户数量已经超过了八亿，占手机网民数的大部分，这直接推动我国数字支付交易规模超过了二百万亿元。移动支付可以随时随地进行，大大节省了人们的时间精力；与此同时，移动支付利用人脸识别、指纹等个人特征达成交易，可以在保障交易便捷性的条件下，也保障交易安全。更重要的是，它可以记录商家的交易信息并根据用户的意愿进行数据分析，对商家安排二次推广销售具有乘数效应。不难发现，移动支付正展现出蓬勃的生命力，不断促进数字经济与实体产业实现融合发展，不断深化与普惠金融的连接。

2. 在线投资持续发力

数字金融是从余额宝等移动支付中产生的，因此在线投资始终不曾远离人们的视线。继余额宝之后，零钱通、余利宝、理财通等投资门槛低、手续简洁、存取灵活的资金管理产品如雨后春笋般产生，它们的出现不断提升着居民的理财意识，刺激着居民的理财需求。而居民日益增加的投资热情也在不断刺激着金融机构推出更多更优质的理财产品，以此形成良性循环。数字投资理财作为传统投资理财的重要补充，是在数字时代浪潮下的大势所趋。2020年以来，多家金融机构因受疫情影响，不得不关闭线下分行，转而改善线上金融服务流程。蚂蚁集团平均交易用户的测算结果表明,疫情发生之后,人们的风险管理意识不断提升,对资产稳定性的关注度越来越高。金融覆盖的范围整体提升加快,网上购买理财产品的消费者数量呈指数级增长。随着疫情的严重情况有所缓解,用户数量也有所下降,但整体用户规模仍高于疫情前。理财可以有效促进我国经济金融的转型发展,而理财新模式——互联网理财,可以使人民受益更多,人民的理财意识与理财知识都在无形中得到强化与提升,从而促进中国经济高质量发展。尤其是在当前全球经济持续低迷、全球市场大幅下滑的背景下,利用好理财对优化持有资产的分配的作用,对形成以"国内大循环为主,国内外互相促进"的新格局具有历史性的作用。

这一阶段支付方式不断更新发展,以支付宝和微信支付为代表的第三方支付公司通过返现等方式,不断给用户施以恩惠,使得用于支付的二维码迅速占领线下市场。但二维码支付有错误扫码等不安全因素,因此未来可能会被其他安全性更高的支付方式替代,以人脸为代表的生物识别支付方式和非接触支付方式有可能借此机会不断扩大发展。虽然在这一阶段我国以移动支付、便利投资为代表数字金融的发展提升了经济发展速度,但是也出现了目标偏离、金融排斥等问题。

(三)东、中、西部数字金融发展情况对比分析

从数字普惠金融使用深度、覆盖广度、数字化程度三个维度分别考察东、中、西部地区的数字金融发展水平及其变化趋势。

1.数字普惠金融覆盖广度

在互联网数字金融模式下,拥有电子账户是用户能够获得数字普惠金融服务的基础,其次,电子账户绑定银行卡为金融消费、理财投资注入活力,真正实现数字普惠金融的覆盖。因此数字普惠金融的覆盖广度通过支付宝账号数量、支付宝绑卡用户比例、平均每个支付宝账号绑定银行卡数三个指标进行了测度,体现金融的覆盖范围大小。相较于传统金融服务,数字金融突破了地理限制,凭借成本低、门槛低等优势扩大了普惠金融的覆盖范围。通过我国东、中、西部地区数字普惠金融覆盖广度

指数的变化趋势可以看出,随着时间的推移,数字金融覆盖广度越来越高,东部地区的覆盖广度明显大于中部地区,中部地区略高于西部地区。从平均增长率来看,东部地区的2020年的覆盖广度是2011年的5.75倍,年平均增长率为52.83%;中部地区的2020年的覆盖广度是2011年的14.64倍,年平均增长率为151.56%;西部地区的2020年的覆盖广度是2011年的17.12倍,年平均增长率为197.08%。这说明数字金融的覆盖广度发展十分迅速,且西部地区的发展速度大于中部地区,东部地区相对最低,东、中、西部地区的数字金融覆盖广度差距在逐渐缩小。

2. 数字普惠金融使用深度

用户对互联网金融服务的使用频次的多少、交易金额的大小等体现了数字普惠金融服务的深度,数字普惠金融使用深度指数从支付业务、货币基金业务、信贷业务(对个人用户、对小微经营者)、保险业务、投资业务、信用业务六个方面的总量指标(每万人支付宝用户中参与互联网投资理财人数、每万支付宝成年用户中有互联网消费贷的用户数等)和活跃度指标(人均贷款金额、小微经营者平均贷款金额等)进行了测度。

通过我国东、中、西部地区数字普惠金融使用深度指数的变化趋势可以看出,随着时间的推移,数字金融使用深度整体呈现上升趋势,2014年出现下降趋势。与数字金融覆盖广度相比,其发展速度较慢,数字金融使用深度也依然呈现东强西弱的特征。从平均增长率来看,东、中、西部地区的数字金融使用深度的年均增长率分别为54.17%,73.99%,92.40%,说明数字金融使用深度发展水平越低的地区,其发展速度越快,东、中、西部的差距在逐渐缩小。

3. 数字普惠金融数字化程度

数字普惠金融的数字化程度主要体现在数字技术的发展与金融服务相结合的水平,以成本低、门槛低的优势为用户提供金融服务,用户使用程度越高,说明数字化水平越高。数字普惠金融数字化程度指数从移动化(移动支付比数占比等)、实惠化(小微经营者平均贷款利率等)、信用化(花呗支付比数占比)、便利化(用户二维码支付的笔数占比)四个方面进行了测度。通过观察2011—2020年我国东、中、西部数字普惠金融数字化指数均值，该指数总体呈现在波动中上升的趋势。与覆盖广度、使用深度明显不同的是，2011—2014年及2016年东部地区的数字化程度低于中西部地区。

二、我国数字金融发展的特征

当前，随着数字技术与金融业融合进程的加快，金融业的数字规模和业务形态都得到了飞速发展，金融产业数字化日益明显，我国数字金融的发展呈现出如下特征。

(一)在不同领域应用深化

《"十四五"数字经济发展规划》将"深化应用"作为数字经济发展的重要目标。目前数字金融的应用范围涵盖支付、借贷、投资、财富管理、保险、解决方案输出等业务形态，主要参与机构包括银行、保险、证券、资产管理等金融机构，以及互联网平台企业。总体来看，银行和保险领域的数字化投入多，在信贷、保险产品设计等方面应用成熟，主要场景包括普惠金融、消费金融、供应链金融、智能投顾、在线投保理赔等，通过大数据、AI事前精准营销，事后动态监控；互联网金融科技主要由大型平台企业主导，分为电商、社交、搜索等不同模式，多以"支付+场景"为入口，渗透至借贷、理财等细分领域，并向金融机构导流，输出数据和技术优势；证券和资管科技主要运用于投研决策、量化交易、智能搜索领域，但相对而言前沿科技的渗透较低，产品同质化严重。

(二)规范和开放成为趋势

由于互联网平台企业在社交、电商领域先发的数据和技术优势，在很长一段时间里，国内数字金融形成大型互联网平台垄断的格局。自P2P风险暴露以来，监管顶层设计上强调鼓励创新与规范发展并重，2020年以来明确金融业务必须持牌的思路，一系列关于助贷、联合贷、互联网保险的政策下发，不符合新规的非持牌业务受到限制，数字金融行业整体回归合规经营。同时《金融科技发展规划(2022—2025年)》提出"金融机构要将金融数字化打造成'第二发展曲线'"。传统金融机构数字化转型进程加快，并在数据、技术、场景等方面寻求与互联网平台合作,五大行分别与百度、阿里、腾讯、京东、苏宁建立战略合作关系,在金融产品、渠道建设、智能金融服务领域深度合作,协作实现各类业务流程的数字智慧再造,提高数字化营销和风控水平,数字金融领域由金融机构与互联网平台协作融合发展的格局正在形成。

(三)场景生态化特征显著

2021年中国银行发布的《金融场景生态建设行业发展白皮书》显示,全球最具价值的100家大型银行中,超70%银行已经建设开放银行平台,投入场景生态建设的热潮。相比于国外数字金融以线上借贷和征信服务为主的模式,我国的数字金融生态更为丰富,尤其表现在场景建设融合方面发展迅速。主流金融机构开始从单一金融服务向"金融+场景"综合服务转变,多家机构自建场景取得良好效果。如招商银行"掌上生活"月活跃用户超过4000万户,同时在外部高频场景合作打造流量入口,重点建设生活社交、餐饮娱乐、医疗健康、旅游出行等生活场景,互联网企业负责提供客户和流量资源,银行则开放API接口,为庞大的线上线下客户提供一体式的服务。另外线下的大流量场景方面,重点布局校园生态、零售商超、交通出行等,如银行在永辉超市、美团点评、盒马鲜生等平台上提供支付、信贷等融合无感的金融服务,构建消费金融生态圈。

(四)科技赋能成为新的方向

在科技赋能实体经济和产业发展的时代,大型金融机构数字信息技术成熟后,业务逐步拓展至科技赋能与金融服务方案输出,目标是帮助提升G端政务信息化水平、B端客户的数字化管理能力以及F端金融同业客户的业务能力。截至2021年底,已有工商银行、农业银行、中国银行、建设银行、兴业银行等16家国内银行相继成立了金融科技子公司,数字金融输出价值链包括客户管理、方案和架构设计、系统开发、后期运维等。同时,互联网平台出现去金融化趋势,纷纷由线上融资等高价值业务转向科技赋能,增加科技研发投入,更加注重为实体经济提供金融服务解决方案。例如"中小融"平台是广东省数字政府改革建设成果在金融场景的创新应用,在2020年1月2日正式上线。

作为全国首个以大数据应用为底层技术的数字金融平台，"中小融"平台打破数据壁垒，破解信息孤岛，截至2022年1月已接入了来自34个政府部门的250项政务数据。

（五）更加突出公平普惠原则

联合国提出"通过数字平台提供金融服务的最终目标，是为减贫和为发展中经济体的普惠金融目标作出贡献"，学术界也有学者发现数字金融能够减轻城乡收入不平等，减少信息不对称从而提高普惠金融效率。在党中央提出共同富裕的大背景下，我国数字金融发展更加注重公平普惠，北京大学数字普惠金融指数课题组研究表明，中部地区的一些省份和城市由于数字普惠指数发展迅猛，"中部崛起"现象已经出现。《中国县域数字普惠金融发展指数报告（2021）》也显示，较2017年，全国县域数字信贷服务广度增长了8倍之多，中部地区数字普惠金融发展水平呈快速追赶趋势，与东部地区的差距逐年缩小。我国数字金融在坚持商业可持续原则基础上，不断突破金融服务触达范围和辐射半径，让数字金融发展成果惠及更多人民群众，特别是小微企业和低收入者群体，助力实现共同富裕。

三、我国数字金融发展的主要影响

（一）提升居民收入及生活质量

当今数字金融的最大作用就在于它极大地促进了普惠金融的持续发展。数字金融有助于提升家庭收入，尤其对农村居民的家庭收入有显著的正向影响，其对推动居民消费升级有着多种影响路径。数字金融发展不但能够缓解城乡差距，而且还能帮助缩小农村内部收入不均等，从而促进中国的包容性增长。虽然我国经济发展水平不断提高，居民收入水平也在不断增长，但是我国低收入居民仍然占有较大比重，并对居民消费升级有着重要影响。解决低收入群体难以获得合适的金融服务问题，为他们提供更高效更低成本的金融服务，有利于从根本上实现我国居民消费升级，提高消费水平。由于数字金融不受地理环境的影响，即使某些发展落后地区的人们没有电脑，但是只要有可以接入互联网的手机,一样可以享受到数据接入发展带来的便利。所以中西部地区的很多农村家庭只要拥有联网的手机,接触并使用数字金融技术对他们来说并不难。偏远落后地区也能使用数字金融服务,可以促进整个社会更均衡地发展,促进全面小康更上一层楼。数字金融的发展为可以上网的居民提供了更多、更好的机会。

数字金融的茁壮成长,一方面为社会提供了更多新的工作机会,促进创新创业;另一方面,也增加了对新型劳动力的需求,带动劳动者工资水平的提升,有利于居民家庭收入增长。另外,数字金融的发展大大简化了支付过程。在数字支付的场景下,人们只需简单使用手机,就能完成付款、接受小票等一系列工作,节约了购物时间,促进居民消费,加快货币流转,强化了货币的支付手段功能,减少了流动性限制,帮助人们合理规划支出时机。通过上述分析可知,即使在特定的收入水平下,数字金融发展依然可以促进居民消费的增长。

(二)促进企业创新及提升生产效率

通过学者测算,在新冠肺炎肆虐时,通过借助数字技术可以使得贷款更精准投放,其投放精准度每提升1个百分点,便能使疫情影响的程度显著降低2.57个百分点。毫无疑问,这可以极大地提升企业的抗风险能力。

一个地区的数字金融更好地发展可以促使新增注册企业的增加,新申请的专利数的增加。而新增的企业、新增的专利,都使得区域的经济更具生命力和创新力。另外,数字金融可以使得企业精确捕捉理财需求,策划更加个性化多样化产品,将"对的产品卖给对的人"。传统金融由于信息不对称,信贷审核成本高,导致企业资金成本高。在互联网的环境下,信贷服务更加便捷,进而降低企业外部融资成本。

之前的资金融通市场,信息较为封闭,金融机构尽职调查的时间、人力、资金成本高。另外,在融资时企业不会透露太多核心的内容,也会导致融资方和市场之间的信息偏差。但是现在,利用互联网技术、借助数字金融,可以省时省力地了解企业的经营情况,之前存在的一些信息壁垒被轻而易举地打破了。

（三）促使传统金融转型

新诞生的创新型金融机构通过提升自己的核心竞争力,带动了整个金融行业的不断发展,也对传统金融造成了不小的冲击,倒逼传统金融加快数字化进程,以更好提升整个金融服务机构服务效率与质量。企业对数字金融的应用越来越频繁,数字金融的发展不仅在助力企业更有效率地运行,也在倒逼银行业进行转型。在数字金融条件下,金融脱媒的速度不断变快,传统金融机构客户纷纷流向数字金融机构,传统金融发展面临危机。数字金融可以极大地减少运营的成本,减少大、中、小金融机构之间的差距,让切实富有潜力的中小机构在金融市场站稳脚跟,促进良性竞争环境的建立,提高整个行业的服务水平。在万物互联的新时代,企业要学习在数字经济大潮下新兴的金融机构的先进思想与管理运作方式,将传统金融与互联网金融相融合,并且营造一种良好的互联网发展环境,实现数字金融与传统金融互相促进,和谐共生的局面。

第二章 数字金融在产业转型
发展中的作用

第一节 数字金融是产业转型的发展基础

一、构建商业银行与企业的新型关系

(一)新型关系构建的数字经济背景

特定历史条件下的社会经济、金融体制及市场经济环境的发展情况在很大程度上决定了当时商业银行与企业之间的关系定位。我国在改革开放以前,社会经济体制以计划经济为主,具有高度集中性,在这一经济背景下,金融管理体制具有"大一统"的特点,真正意义上的商业银行是不存在的,社会上的企业主要是国有企业,银行的资金流动机制其实是面向国有企业的完全供给机制。所以,我们可以用资金无偿供给关系来概括当时金融与企业之间的关系。从我国实行改革开放政策到21世纪初,市场经济的主体地位逐渐确立,社会经济发展的市场化进程不断加快,社会上陆续出现商业银行,这些金融机构建立了商业化概念,这时金融与企业的关系可以概括为"双向选择"的战略合作伙伴关系,这是由市场价值关系所决定的。至此,金融与企业间的资金无偿供给关系、服务与被服务的关系被瓦解。尽管金融与企业的关系发生了历史性的转变,但由于当时金融科技发展刚刚起步,导致金融机构与企业之间在市场信息的获取上出现了完全不对称的局面,而且商业银行的很多决策对传统信息技术手段过分依赖,银行与企业之间的关系主要靠人脉和经验去维系。21世纪以来,随着新一代互联网技术尤其是大数据在金融机构的深入渗透,商业银行在经营管理中逐渐开始运用移动终端、物联网、人工智能、云计算、区块链等新一代信息技术。在经济高质量发展的今天,经济转型的方向转变为

数字化方向,金融机构的运营以新技术为主导,金融与企业的关系也因此发生了深层的转变,在数字金融背景下二者的关系具有了数字化的烙印。

(二)数字金融背景下新型关系构建的可行性

数字金融背景下商业银行与企业之间的关系发生了质的转变,二者之间建立新型关系是以二者所具备的共同特点以及共同享有的基础条件为前提的,具体表现在以下几个方面。

1.信息透明

数字金融背景下,随着数字技术的出现和应用,金融与企业之间在传统经济模式下的信息不对称和不透明的问题得到了解决,信息的透明度、对称性以及精准度随着数字经济发展水平的提高而增加。透明、精准的信息为商业银行与企业之间建立互选关系以及各自的决策提供了可靠依据,提高了决策的科学性和准确性。

2.广泛运用新技术

在数字金融背景下,移动终端物联网、人工智能、云计算、区块链等新一代信息技术全面且深入地渗透到社会生产和生活中,企业的传统经营理念、运营模式也因此发生了转变,企业在降低成本和提高效率的基础上实现转型升级,使得企业在社会经济发展中的地位也发生了重大的转变。与此同时,在金融机构的整个运转过程中,科技基因深植于其中,甚至出现了由商业银行(传统金融机构)向金融科技公司的定位转变。为了适应金融机构的数字化发展进程,企业也积极进行转型升级,提高企业运营管理的自动化、数字化及科技化水平。总之,在数字金融时代,新一代信息技术在企业和商业银行中都得到了广泛的应用,为二者构建新型关系、解决信息不对称问题奠定了良好的基础。

3.平台化运营

新一代互联网技术的应用突破了传统经济模式下金融机构与企业建立关系的时空限制,为企业与银行共享市场信息提供了良好的平台,各种网络平台之间信息互通,资源共享,从而促进了集成化超大网络信息化平台的形成。在如此巨大的虚拟平台空间下,金融机构的相关信息和企业运营的重要信息得到真实而全面的反映,该平台的存在降低了企业与商业银行之间建立关系的成本,提高了建立关系的效率。

4.线上化管理

移动办公、异域管理、线上决策等是数字经济时代企业经营管理的基本功能,线上经营管理实现了管理与场景的分离,充分体现了数字化技术的功能与作用。数字金融背景下商业银行与企业之间的很多金融活动,如支付、申贷、审批、提款等已经完全线上化。

总之,数字金融背景下银企关系发生了根本性变化,由于二者的关系建立在新技术广泛运用的基础上,因此双方均以数据语言来沟通,信息透明全面,运营智能优化,已升华为"融为一体、同生共死"的新型银企关系。

二、数字金融支持创新创业

(一)数字金融影响创新创业的主要渠道

数字金融的发展在很大程度上影响了企业的升级创新和居民的创业行为,具体从下列四个方面产生影响和发挥作用。

首先,传统金融服务有地域限制,落后地区的金融需求往往得不到满足,而数字金融打破了这一限制,落后地区即使没有银行网点,也能借助电脑、手机等终端设备享受金融服务。数字金融有普惠大众的功能。其次,企业和居民创新创业所需的资金主要通过借贷来解决,而数字金融拓宽了借贷渠道,提供多种借贷形式,不断优化借贷服务。广泛应用互联网技术的数字金融机构在借贷、支付、转账等方面都提供在线服务,不仅服务范围和内容拓展了,服务也更加便捷、高效,减少了企业创新和居民创业的成本,提高了效率。再次,作为金融基础设施的数字金融为企业创新和居民创业提供了基础保障。数字金融为消费者与商家的线上交易提供了可利用的平台,降低了交易成本,简化了交易流程,提高了交易效率和成功率。最后,中小企业的转型发展与技术创新面临着融资难的困境,数字金融则打破了融资难的约束,为中小企业的创新技术项目融资提供借贷服务,解决资金难题,从根本上消除了企业技术创新和转型升级的困扰。

在传统经济的发展过程中,中小企业和处于创业初级阶段的企业很难从金融机构获得资金支持,而数字金融依托数字技术、互联网技术发展起来,利用自身技术优势和平台优势有效地解决了这个问题,增加了企业创新和居民创业的可行性,扩大了中小企业的发展空间。总之,具有普惠性的数字金融对创新创业起到了巨大的支持作用,提供了根本性的帮助,产生了深远的影响,使大众创业成为可能,也在一定程度上解决了就业问题,促进了社会的和谐与稳定。

(二)数字金融支持创新创业的重要表现

1.解决融资问题,支持实体经济

由于目前针对中小企业的信用体系不健全以及中小企业规模小、经营不确定性大等情况,以个体、中小企业为代表的实体经济中坚力量一直存在着融资难、融资贵等问题。对于这些难题,一些数字金融平台可以通过明晰客户群定位、降低融资成本、提升服务效率、提高服务覆盖率和对创业群体专项扶持等措施切实支持实体经济发展。

(1)明晰客户群定位

明晰客户群定位,关键要面向市场解决融资饥渴。要支持实体经济发展,往往需要有清晰的用户定位,主要瞄准以私营企业主和个体工商户为代表的自雇人群。自雇人群是民间实体经济的中流砥柱,他们通常做小本生意,本分经营,社会关系稳定性强,诚信良好,还有可抵押的核心资产。这些自雇人群在服务业、农业、建筑业等实体经济领域广泛分布,是实体经济的中坚力量。他们的融资需求真实而急切,却难以获得匹配的金融服务,新型数字金融业务能满足这一需求,激发这部分群体的创业创新活力。

(2)提升服务效率

金融科技为金融服务业务的整个流程赋能,持续降低交易成本,

提升服务效率。有关机构要确定通过科技赋能贷款全流程的战略,建立科技赋能部门,在获客、运营、风控、贷后监督等整个过程中运用大数据、人工智能等创新金融科技手段,一方面率先在网贷行业实行"抵押逻辑"向"授信逻辑"的过渡,解决平台信息不对称问题,挖掘更多潜在的自雇者;另一方面优化贷款流程,使自雇群体"等不起耗不起"等问题得到有效解决。

2.发挥科技优势,促进创新创业

(1)科技创新驱动供应链金融模式创新

数字金融云平台的供应链金融系统可以为包括核心企业及其链属上下游企业在内的整个供应链提供新价值。对于核心企业来说,上游企业获得融资能够保障上游供应稳定,下游企业获得融资能够增加销量。对上游企业来说,通过应收账款融资增加了资金流动性,有利于稳定和扩大生产;对下游企业来说,通过订单融资、货物融资增加了资金杠杆,有利于扩大业务规模。对于整个供应链来说,引入这类云平台的服务,可以为整个供应链提供增量资金,也可以帮助平抑供应链上不同企业由于结算造成的现金流大幅波动,为实现资源优化配置和提升供应链整体竞争力提供可能。

(2)科技引领产业链金融方向

数字金融服务的核心团队在积累商超零售行业经验的基础上,结合大数据、云计算和互联网科技研发针对商超零售供应商的专属融资产品。商超贷产品以商超零售供应商与大中型商超企业稳定的贸易关系为基础,使用发票数据作为授信依据,通过云计算技术实时采集和监测供应商发票数据,结合第三方数据(企业征信数据、个人征信数据等),运用大数据运算模型进行风险识别和风险管理。

(3)科技提升金融服务的用户体验

云端服务系统安全、高效,企业客户可以通过网络在线完成融资申请、信用审查、授信额度调整、自助提款和自助还款等多种业务。这类云平台的服务还可以促进客户企业信息系统与云平台信息系统的对接,实现数据的实时采集和共享,降低企业融资成本。①

(三)数字金融通过技术创新助力产业结构升级

数字金融之所以能够推动产业结构升级,与其自身良好的技术创新能力这一优势密不可分,技术创新是数字金融有效配置资源,进而优化产业结构的基础,在技术创新这一基础上,数字金融主要从以下两个方面来助力产业结构升级。

1.资本形成促进产业结构形成

金融服务部门对储蓄率投资率的调整变化有着重要影响,在此基础上,其对资金流向和分配结构也产生了影响,进而对生产要素在各行业的分配也产生了影响,最终令产业结构的调整与升级也受到相应的影响。从近几年市场经济的发展情况来看,现在的市场既非垄断竞争市场,也非完全竞争市场,这就使得技术落后、经营规模小的产业群体难以"自救"。这些产业要想重获新生,就必须从技术创新着手,引进高新技术。金融发展是高新产业发展的重要条件,在如今的经济形势下,数字金融随着金融业的创新而出现,其具有对社会资源重新进行调整,促进金融服务公平化等重要作用。通过数字金融对资金、资本资源进行合理分配,能最大限度地实现储蓄效用的最优化和投资效用的最大化。商业模式的变革本身就离不开技术这一要素,技术创新是不可缺少的原动力。在互联网社会,技术变革为人际交流和经济往来打破了时空限制,为金融突破创新和进一步发展提供了重要的条件。数字金融作为具有创新性的金融方式大大降低了市场经济中的信息获取成本、评估成本以及交易成本。数字技术影响商业模式主要表现在多个维度上,包括消费者识别和参与维度、企业价值交付及变现维度等。传统金融模式下的线下单一消费方式也因数字金融的出现而发生了变化,线上交易应运而生,价值交付环节发生变化,交易成本降低,也使第三产业迎来了历史性的重大发展机遇。例如,电子商务随着支付宝的出现而快速发展,线上电子商务与配套的线下商务逐

---

① 北京大学数字金融研究中心课题组.数字金融的力量为实体经济赋能[M].北京:中国人民大学出版社,2018.

渐形成了完整的产业链。数字金融的出现也使得农村的生产模式由单一走向多元,产销结合的模式促进了农村产业链的形成和农村产业结构的优化,大大提高了农业生产效率,改善了农民的生活水平。现阶段,线上经济和线下经济在数字支付技术不断完善的过程中有机结合起来,社会经济发展理念发生了转变,新创企业不断出现,这些新的商业机会就是数字金融发展带来的,且有力地推动了产业结构的优化,也在一定程度上解决了社会就业难的问题。

2. 数字金融促进不发达产业的技术创新和结构优化

不发达产业存在金融约束和金融限制等问题,数字金融的出现可以帮助不发达产业解决这些问题,推动其产业结构的调整与优化,实现产业结构升级的目标。因为不确定性是技术创新的一个重要特征,这个特征使得技术创新中存在的风险具有明显的复杂性和广阔的传播性,用传统金融方式很难控制技术创新中的风险,这时数字金融就彰显出了自身的优势,即利用数字金融可以有效化解风险。数字金融作为金融发展的新模式,是随着金融管理体制的改革创新发展而来的,其和传统金融模式相比,服务面更广。传统金融机构一般不情愿为中小企业、偏远地区及贫穷群体服务,主要是因为这一过程中存在很高的交易成本和风险,而能够为他们提供服务的金融机构并不多,所以中小企业和弱势群体的借贷需求、存取款需求往往得不到满足,很难享受这些金融服务。因为金融支持的缺失,导致中小企业资金和其他资源供应不足,这也限制了其技术创新,更谈不上优化产业结构了。而依托互联网技术形成的数字金融模式能够利用现代科技手段为人们提供金融服务,金融服务质量的不断提升,也为人民生活提供了便利。

综上分析,数字金融的发展能加快企业的技术创新,促进其产业结构的优化调整和不断升级。

三、数字金融转变企业商业模式

随着新时代互联网技术的发展和科技的革新,社会上不断出现一些新的商业模式,近年来社会上十分流行与火热的经济模式当属共享经济,如共享单车、共享空间等。共享经济在全国扩散速度极快,共享单车、共享金融、共享图书、网约车、公寓短租等涵盖多个领域的共享项目在我国各大城市及中小城市层出不穷,其中发展速度快、规模大且收益显著的当属共享单车、网约车、公寓短租等。不仅是我国,全球共享经济都发展得如火如荼,全球化共享经济规模近年来持续扩大,而且中国市场所占的比例也不断增加。我国共享经济市场交易额近年来增长显著,可见我国共享经济发展前景十分广阔。数字金融之所以能够催生共享经济模式,与下列几方面的条件有密切的关系。

(一)年轻消费者的个性化需求催生共享经济

现在,我国的消费市场中年轻人是绝对的消费大军,年轻一代的消费需求偏向个性化、共享化,这为共享经济模式的形成提供了广阔的市场基础。共享经济出现后,广泛传播了共享化和个性化的消费理念。共享经济模式从产生便形成"双赢理念",而且该理念也得到了市场的广泛认同,即将闲置品最大化地利用起来,提高资源利用率,避免浪费,达到"付出少、收获大""代价小、便利多"的目标。

(二)移动互联网技术的发展推动共享经济成长

我国共享经济这一新兴商业模式的兴起与移动互联网技术的发展密不可分。以共享单车为例,智能手机出现后逐渐在手机市场占据主导地位,共享单车的发展中智能手机作为重要的物质载体是必不可少的。我国庞大的用户量为共享单车的发展积累了丰厚的网络客户资源。随着智能手机功能的不断完善,移动终端的定位技术进一步推动了共享单车的发展,用户通过手机定位可以快速找到共享单车的位置,方便使用。现代智能手机都有扫码功能,共享单车也开发出扫码使用的模式,二者的高度契合使得共享单车成为智能手机用户日常出行的重要交通工具。

(三)金融科技的进步促进共享经济发展

共享经济的发展必然离不开金融科技的支持。下面主要分析运用较为普遍的金融科技对共享经济发展的推动作用。

1.大数据

运用大数据技术能够对大量的订单进行高效化的处理,精准地匹配供应方与需求方,促进交易效率和成功率的提高。以共享单车为例,大数据平台参与共享单车投放、调度及维护等多项工作,发挥着至关重要的作用。利用大数据平台将海量单车加以联通,后台将供需关系清楚地标记在各个区域,用不同的标记代表供需的实际情况,如供给不足用红点标记,供给平衡用绿点标记。通过了解大数据平台的这些可靠信息,企业进行实时评估,然后向线下团队反馈信息,及时调动单车,满足用户的需求,实现供需平衡,解决需求者的出行问题。此外,共享单车在谋求自身发展的同时,积极参与城市智慧交通建设,通过大数据信息共享,对城市道路和交通规划进行分析,描绘出行热力图,发现不足,提出改进建议。

2.云计算

新兴企业在共享经济模式下运用云计算减少技术开发的成本,提高数据访问的移动性、灵活性以及拓展性。新兴企业还与云计算及人工智能科技公司建立合作关系,科技公司不仅从技术上支持共享经济的海外扩展,而且为新兴企业提供全方位的服务,如储存服务、安全服务、智能解决方案服务以及大数据服务等,对共享经济的发展起到了极其重要的作用。

3.移动支付

智能手机用户的支付习惯随着微信支付和支付宝的出现发生了明显的变化。我国手机网上支付用户和线下消费用手机支付的用户加起来是极其庞大的数字,移动支付从线上到线下不断渗透和拓展,有了更加多元化和丰富的支付场景。随着移动支付方式在广大人民群众中的不断普及,支付用户与消费服务之间的距离日渐缩短,消费者与商家之间的交易突破了场地限制,共享经济无处不在。

第二节 数字金融驱动产业的转型发展

改革开放四十多年来,我国经济驶入快车道,GDP总量从1978年的3679亿元增加到2020年的1015986亿元,年均增长率为9.5%,经济增长速度大大领先于发达国家。同时,我国产业结构也在不断升级,2012年,我国第三产业首次超越第二产业。随着信息化的不断深化,大数据、云计算等新兴技术的发展,第三产业俨然成为新的经济增长点,其中,数字金融的快速发展无疑是亮点。但是,我国产业结构内部的发展还存在不少问题,非均衡发展问题较为严重。一是第一产业根基不稳。近年来,我国耕地面积连年减少,农业基础设施投入不够,影响了我国农业生产力水平,加之农业转移人口市民化,从事农业的劳动力短缺,不利于农业生产需要高质量发展。二是第二产业中的制造业转型升级面临多重障碍,尤其是受到中美贸易战、疫情的冲击,制造业转型升级困难重重。虽然资本密集型制造业产品出口比例不断上升,但是与发达国家相比还存在较大的差距,"卡脖子"的领域较多。三是第三产业发展还不够充分,贸易逆差比较大。如何促进产业转型发展、寻求经济发展的新动力是目前亟待解决的问题。

数字金融是金融科学与技术创新的融合,数字金融推动行业内部技术变革,并推动各类产业改变其经营模式,从而促进各个产业相互竞争与创新,不断提升产业价值。近年来,数字金融发展迅速,数字金融类公司的融资规模剧增,影响力日益扩大。数字金融滋生出强大的推动力,促进金融企业服务提升质量,并催生出一批依托于互联网的金融企业,直接推动金融业的转型升级。我国数字金融发展明显处于全球领先水平,尤其是在电子支付、互联网信贷及投资等方面。其中,电子支付占世界规模的50%以上,互联网信贷则占75%,全球前五大数字金融类公司我国占据4家,而金融科技本身的数字化水平也在不断提升。同时,基于人工智能、区块链等新技术而发展的数字金融表现形式、业态不断涌现,业绩快速上升,从而在金融市场中带动其他数字金融公司的发展,提升市场效率对产业发展产生重大影响。此外,基于人工智能、区块链等新技术的数字金融工具不断涌现,对传统产业的数字化转型产生了广泛而深远的影响。具体而言,一是传统产业利用数字金融的各种数据化工具来开拓市场,更有利于该产业的业务操作实现更精准的生产和营销,能够更好地满足消费者的需求,提供有效的产品供给,推动产业向纵深发展。二是数字金融催生了新的风险防控机制,帮助金融业拓展对各个产业的服务范围,促进产业的横向发展。三是数字金融的新成果不断冲击传统产业,特别是第三产业。数字金融成果通过促进金融业务的重构,提升金融产业的服务效率,可降低其交易成本。这不仅有利于解决目前金融服务存在的一些问题,还能提升客户的服务体验,从而稳固产业根基。数字金融工具的应用不断延伸产业链,从而推动产业转型发展。在新的国际格局及数字化时代,为提升我国竞争力以及我国经济发展水平,需要进一步促进数字金融的发展,助推产业转型发展。

新冠疫情突发及全球蔓延,加快了各行各业的数字化转型,给数字科技的发展装上了助推器。科技与经济加速融合,造就了新的经济动能,当然也带来了新的问题。从企业承担风险的角度来看,部分数字金融公司在发展方向上不明确,主要原因包括以下几个方面:其一,金融领域的利润较高,导致部分企业迷失在过度追求高额利润中。在经济行业中,金融领域的利润较高,且运行资本较低,而科技类企业的利润不高,其中部分数字金融公司难以抵挡金融行业的高利润诱惑,从而自愿承担金融风险。其二,数字金融外部监管缺失。部分数字金融公司在开展金融业务时,缺乏成熟的方法指导,导致金融风险增大。加之无法明确监管职责定位,导致数字金融外部监管缺失。其三,对数字金融概念的认知仍不清晰。目前企业对数字金融的认知皆盲目夸大了数字金融的作用,而忽略了数字金融可能带来的风险及问题,最终导致数字金融行业出现集体迷失。研究数字金融影响产业转型发展的机制,将为数字金融的发展提供更为广阔的空间,也将为我国产业转型发展提供新的可行路径。

一、数字金融对产业转型发展的促进作用

(一)数字金融通过资产配置效应促进产业转型发展

有效的资产配置能帮助企业实现帕累托最优效应。金融系统的高效运行能够提升资产配置的效率,数字金融的资源配置效应主要表现在数字金融减少了信息不对称领域,增强风险管理能力,从而增强了金融功能,提高了金融效率,最终促进产业转型发展。

第一,减少信息不对称。一方面,金融科技增强了信息公开的透明度,公众可以及时、准确、有效地了解到相关信息。另一方面,数字金融提升了企业运行效率。金融机构利用大数据、人工智能等新兴技术高效了解客户需求。大数据时代,数字金融可从供给需求双向维度减少市场中的信息不对称,缓解企业与投资方存在的信息不对称问题,提升企业的运行效率,从而促进产业转型发展。

第二,提升风险控制能力。金融海量数据具有实时性、复杂性的特征,而金融交易具有频繁性、隐蔽性的特征,这些增加了金融系统性风险发生的概率,同时也使得传统监管乏力。而数字金融通过云计算、5G技术等新兴技术能快速准确地获取金融交易风险的相关信息并及时予以应对,由此可提高风险管理效率。

第三,数字金融直接助推产业资源转移。目前,我国产业矛盾主要是高端产能不足与低端产能过剩并存。这在一定程度上说明我国产业资源需要转移,产业转型发展刻不容缓。数字金融通过提升产业生产效率来推动产业转型,且不同区域的技术进步率对产业升级起着不同作用。为促进高端产业的发展,需要为高端产业提供稀缺资源,这就要求我们将稀缺的资源从落后的产业中转移出来,而金融科技能够促使资源转移,将资本从低端产业抽离,投进高端产业中。通过资源转移,重新配置资源,最终使得不同部门的平均利润大体上趋于一致。

不少实证研究支持了数字金融对产业转移的促进作用。一些学者肯定金融发展对资产配置的正向作用,并建议相对发达的国家要减少夕阳产业的投资,增加对朝阳产业的投资,以实现资本转移,促进实

体经济的发展及产业转型发展。

(二)数字金融通过成本降低效应促进产业转型发展

数字金融不等同于金融或科技,也不是两者形式上的结合,与科技金融也是两个不同的概念。大数据等数字金融的快速发展,降低了信息不对称,从而降低了信息成本。首先,数字金融不仅降低了精确度高的信息交易价值,还降低了精确度不够的信息成本,从而影响产业转型发展。其次,数字金融降低了企业的融资成本,拓宽了融资门槛和渠道,在一定程度上有助于企业获取贷款,促进产业的发展。最后,数字金融降低了市场门槛,拓宽了进出金融市场的渠道,越来越多的投资者进入金融市场,有利于中小企业的融资,降低金融机构的中介成本。

Levine 等人认为,金融发展和科技发展的交互作用可以促进产业升级,推动经济的发展。一方面,数字金融能降低交易成本;另一方面,数字金融能够降低金融风险,提升效率。数字金融降低信息获取成本,提高价格效率,减少机会主义和提高投资效率,影响产业转型发展。同时,金融机构运用科技创新技术降低沉没成本,提升金融运行效率,人工智能应用则能大幅降低人力成本。数字金融还能通过大幅度降低交易成本和信息成本来扩大市场容量,通过规模经济效益来推动金融结构的革新。而技术进步改善了信息不对称问题,也使得金融中介机构的服务效率和准确度提升,金融市场的流动性加大,金融系统的资源配置效率提高,促进产业转型发展。

数字金融不断发展,新兴技术持续创新,通过降低资源消耗来降低企业成本。一方面,成本的降低反过来催化创新,推动技术产业的发展,助推产业转型发展。另一方面,企业成本下降,会催生新产品,促进新技术的发展,创造出新的产品领域,形成新的产品部门,不仅增加了就业机会,对市场也产生了新的需求。当市场收到需求不足的信息时,会增加供给,这意味着新的生产部门会进一步发展。此外,科技创新还会促使旧有产业部门分解,将其资本及劳动力释放出来,转而流向新的生产部门,推动新兴产业的进步,进而促进产业转型发展。

(三)数字金融通过产业集聚效应促进产业转型发展

产业集聚是指在某些产业中,部分关联较强、联系密切的企业集聚在一起。企业及相关支撑机构在空间上集聚,并形成强劲且具有持续竞争优势的现象被称为产业集群。科技创新有序推进产业转移并形成互补的产业链,不仅能有效提高经济竞争力还能给企业提供有效的产业创新战略。

一方面,科技创新对产业集聚和劳动生产率促进效应显著。数字金融促使高新技术的发展,而技术的创新会优化产业的基础设施,从而简化企业生产流程,提升企业的生产效率,最终达到产业集聚的效能,形成企业发展的地区优势。此外,金融发展会促使技术不断创新,当企业加大对技术创新的投入时,产品的出口复杂度会显著提升,这意味着金融可以通过技术创新的转化、外溢等机制影响产品的出口,这在一定程度上加大了金融风险,而产业集群的形成会导致部分企业缺乏创新的主动性与积极性。数字金融能够根据企业的实力,借助新兴技术了解各个企业承担金融风险的能力,实行资产的重新配置,重新分配各个企业的经费及资产,最终实现整个行业的风险与利润一致,数字金融解决了产业集群所带来的弊端,实现了产业结构的优化和提升。产业集群一旦形成,可利用产业集群的特征及优势,实现企业间的资源共享。利用不同企业及其产品之间合作竞争与资源共享的特性,发展前景较好的企业可以引入数字金融,然后利用产业集群效应,促使其他企业不断进行创新,从而实现该产业群的整体转型升级。此外,金融集聚与城市发展效率之间存在相互促进效应,城市化进程的加快促进区域金融的集聚,金融集聚反过来又促进城市化及产业的结构转型升级。另一方面,数字金融能够降低企业的投资风险,加快企业要素的合成,影响市场行为的选择,形成更好的市场环境。这又会反过来影响产业的发展,加强产业集群效应,促使各个企业协同发展,形成产品品牌的集聚效应,从而加强产业与外界市场的交流,支撑产业集群的发展,推动企业的现代化建设,最终实现该地区的产业整合,达到产业转型发展的目的。

此外,有部分学者对其进行了实证分析。有学者通过分析长江经济带的数据,发现科技创新能够提升绿色全要素生产率,并推动该经济带实体经济的快速发展。还有学者利用空间模型分析发现,数字金融基于空间溢出效应促进了资源配置效率,提高了周边地区的全要素生产率。刘金全等人分析了北京市数据,认为数字金融对科技创新的冲击正在逐渐降低,数字金融还会缓解企业融资约束,促进科技企业的资源配置效率,助推产业转型发展。

(四)数字金融通过技术进步效应促进产业转型发展

一般而言,金融资源配置更倾向于流向利润高、风险低的企业,而不是流向风险高、利润低的企业。数字金融通过促进企业系统的逐利来加速产业优胜劣汰和技术创新,重新配置市场资源,提升企业的生产效率,进而促使产业向合理化和高级化发展,促进技术进步,推动经济可持续发展。此外,部分学者通过实证分析论证了该结论,孙志红等人运用分位数回归研究发现金融发展与技术进步有利于产业结构升级。陈亚男等人运用静态面板模型和两步法研究发现数字金融会促进技术进步,有利于产业结构升级。具体而言,数字金融的技术进步效应主要表现在以下几个方面。

第一,高新技术企业依托数字金融促进了产业结构升级。数字金融促使企业革新生产技术,改革生产方式,而产业转型发展主要依靠企业的创新,这意味着数字金融能通过催化企业的技术创新来促进产业转型发展。此外,创新理论认为,创新能催生新的产品、新生产方式及新的组织形态,而经济发展的根本动力源于生产技术和生产方式的革新。数字金融通过促进高新技术企业的发展,从而为经济发展及产业转型发展提供动力。刘新智等人对比分析了金融与科技对产业转型发展的影响,提出技术创新和金融发展都对产业升级产生正向影响,但在影响产业升级程度上有差异,技术进步与产业升级的关系呈现倒"U"形,金融发展水平的提升与技术创新相比,对产业进化升级的推动作用更为显著。

第二,数字金融作为一种新的生产运行方式,改革创新了传统金融的运行方式。新兴技术创新变革是激发金融创新的内在动力,金融科技所催生的新支付模式不仅革新了传统的支付方式,而且改变了银行产品供给方式和业务服务流程,实现了个性化、智能化、定制化的金融服务与产品,重塑了传统金融服务、用户、机构两两之间的关系,激发了金融创新的活力,提升了金融业的服务效率,促进了金融业技术进步与金融结构的优化,推动金融资本不断积累,形成数字金融的创新效应[1]。

(五)数字金融通过助推实体经济发展促进产业转型发展

熊彼得可谓早期探究数字金融与实体经济发展关系的学者,他认为,数字金融能够促使资源从收益率低的产业转向收益率高的产业,发挥资源配置功能,促进实体经济的高质量增长,从而助推产业升级。此外,数字金融与实体经济相互作用,实体经济的发展也会促进数字金融的发展。

不论是企业扩大规模,还是产业的发展都需要大量资金,而数字金融能够帮助企业扩大规模、转型升级提供资金,为解决中小企业投融资问题提供新思路,通过提供多种融资方式,解决中小企业融资难题,由此,企业可拥有长期的资金支持以便进行创新升级。融资双方存在信息不对称的问题,这在一定程度上加大了企业融资难度,而数字金融能解决信息不对称的问题,降低双方交易成本,拓宽企业的融资渠道,支持实体经济的发展。数字金融通过大数据等创新技术提高融资的工作效率及准确率,从而缓解实体企业的融资压力。此外,大数据能为企业提供信用服务,帮助了解企业的融资需求,通过低成本构建企业的信用体系以更有效的方式评估企业的信用,进而提供金融服务。和互联网金融不同的是,数字金融的重心倾向于先进技术的应用及普及,更关注先进技术是否能提高金融服务的效率。借助数字金融所产生的融资模式弥补传统融资方式的不足,提高了融资的便捷

---

[1]斯丽娟,张利敏.金融集聚外部性对经济增长的影响———基于省会城市面板数据的实证分析[J].经济经纬,2019(03):150-156.

性,能为企业提供更高效的服务。此外,数字金融还能降低企业的融资成本。通过大数据能够更加准确地为企业提供金融服务,降低宣传费用,提高业务效率。综上所述,数字金融可降低企业融资成本,拓宽融资渠道,促使产业向高级化及合理化发展。

利用数字金融这些优势可改善我国金融市场的诸多问题,如提升服务效率,加强金融创新及资源配置效率等。同时,基于大数据等技术可以了解不同群体的需求,提供不同的金融产品及服务,促进实体经济发展。

(六)数字金融通过消费效应促进产业转型发展

消费是推动产业升级的重要引擎,扩大内需成为我国经济可持续发展的新动力。随着生活水平的不断提高,人们的投资需求也随之改变,导致原先的投资理财方式不再能满足自身的需求,由此,数字金融应运而生。数字金融不仅能满足人们不同的消费需求,还在一定程度上改变了人们的投资意识。在目前的消费结构中,数字金融不仅刺激了人们的消费欲望,改变了人们的消费限制,还促进了市场资本的流通,改变了消费结构,人们的消费变得多样化,助推消费结构的转型升级。此外,数字金融通过不断创新金融产品,促进金融市场与相关产业的不断发展。具体而言,金融科技通过消费效应助推产业转型发展,主要表现在以下几个方面。

第一,数字金融公司通过大数据可以精确了解客户的需求,并结合分析结果给顾客提供更加精准的服务及更合理的金融产品以拉动消费,促进实体经济的发展,促进产业转型发展。另外,数字金融结合大数据、云计算及信用度,能更加准确了解顾客的偏好习惯等,再利用分析结果构建消费者行为的评价体系,从而完善消费金融引导体系。综上,数字金融以征信服务及风险控制体系为基础,保证消费金融的良好发展,可以促进消费者的合理消费,助推产业转型发展。

第二,数字金融以新兴科技为支撑,为客户提供智能化、特色化、定制化的金融产品和服务。一方面,在提供产品和服务流程中不断发掘消费群体的消费需求缺口,金融科技通过新兴技术实现消费群体的消费需求缺口全覆盖,提升了数字金融普惠消费市场的能力。另一方面,金融大数据可为消费群体创造价值,改善消费结构,促进消费升级,进而推动技术进步,实现经济可持续增长,促进产业的转型升级。同时,数字金融具有普惠性,数字金融服务对象是广大的受众群体,传统的金融机构因为技术等方面受限,难以使金融更多地惠及"所有"用户,而数字金融的出现打破了这一局面。金融科技通过新兴技术手段可以更精准地惠及广大的消费群体。

(七)数字金融通过就业效应促进产业转型发展

数字金融的发展不仅能够促进传统产业变革,还能促使新兴产业兴起,提升产业的技术水平。农业等传统产业因为技术创新、人工智能的发展,劳动力被机械化所替代,失业率上升。与之相反的是新兴产业的兴起及扩张,亟须大量的劳动力,劳动力又变得紧缺。在此背景下,劳动力开始出现大范围的转移。一方面,劳动力会从劳动力剩余的产业被动转移至劳动力紧缺的产业。另一方面,新兴产业由于劳动力紧缺,为吸取劳动力这一生产要素,劳动力的市场价格会上升,即薪酬水平上涨。劳动力被高薪所吸引,从而主动向新兴产业转移。这就是"配第—克拉克定理",即劳动力向更高级产业迁移的现象。当劳动力出现大规模转移时,我国的就业结构将发生大幅度变化,新兴产业就业人数上升,会占据优势地位。索洛经济增长模型表明,劳动力这一生产要素的增加,必然会促进新兴产业的发展。综上所述,新兴产业的发展不仅能促进经济的发展,还能促使产业结构向高级化发展,也就是说,数字金融可以通过改善就业结构来促进产业转型发展。

二、数字金融对产业转型发展的抑制作用

多数学者认为,金融、科技或两者的交互作用对产业转型发展具有正向作用,仅有少部分学者认为,数字金融在实际操作中对产业转型发展的作用不大,甚至可能会起反作用。

(一)数字金融通过抑制实体经济发展不利于产业转型发展

数字金融促进产业转型发展是有前提条件的,只有当两者发展相适应时,数字金融对产业转型发展的影响才是正向的,而一旦两者的发展不能匹配,数字金融可能成为抑制产业升级的主要因素。2005年,就有学者明确提出,当数字金融的发展过快时,金融和实体经济的发展会失衡,此时会出现数字金融抑制实体经济发展的状况。此外,还会加大金融风险,甚至可能出现金融系统的崩溃。还有学者认为数字金融可能并不能促进实体经济发展,对产业转型发展的影响不大,甚至可能会起反作用。当数字金融的发展与产业发展不匹配时,金融体系内部会出现资金的堆积,资金流通不畅,仅有少部分资金流向制造业、新兴产业,此时,数字金融无法解决企业融资难、融资贵的问题,甚至还会出现数字金融发展与产业转型发展背离的情形。有学者通过实证分析论证了这一结论,王春云等利用产出关系计算了各个行业的回报率,发现建筑业的资本回报率最高,房地产租赁服务业次之。这一测算结果表明部分实体经济的资本回报率很低,甚至为负数。这是因为数字金融的发展,促使大量资金流入虚拟经济,特别是本应流向实体经济的资金。大量资金游离于实体经济之外,转向虚拟经济,造成金融资源配置效率低下,这在很大程度上促进了虚拟经济的发展,反而抑制了实体经济的发展,抑制了产业转型发展。

(二)数字金融具有抑制产业结构升级的内在机制

部分学者通过实证研究发现,金融综合水平的发展对产业的影响最为明显,创新活力对产业结构及效率的影响不明显,而金融科技对产业升级却存在负效应。还有学者研究发现,数字金融会降低市场流动性,甚至会导致金融危机。不可否认,数字金融给传统金融业注入了活力,但是目前的数字金融还存在较多问题,对产业结构升级的影响不明显。故有学者认为应加强推进数字金融创新,从而助推产业结构升级以促进产业转型。有学者分析了我国的省级面板数据,发现技术对产业结构的影响不明显,也无法促进产业结构的高级化。还有学者利用面板数据建立耦合协调模型对其进行了 VAR 分析,发现金融和科技发展均对产业转型的合理化有正向影响,而对产业结构的高级化存在负向影响。

(三)数字金融通过资源错配效应抑制产业转型发展

数字金融不仅影响经济发展和产业结构,同时对社会资源流动也产生影响,还可能形成资源错配效应,影响产业转型发展。金融科技促使资本流通,但是却不是流入实体经济行业,而是流入虚拟经济行业,导致资源配置的效率低下,从而必然对产业转型发展产生负面影响。数字金融会加大投资的风险,降低资源配置的效率,这将加大企业融资的难度,在一定程度上会抑制产业的转型升级。并且数字金融带来的金融抑制或导致出现资本错配效应,在不发达的经济地区中,因为存在逆向选择,融资双方的信息不对称比较严重,使得企业的资源配置不当,效率低下,造成企业的融资难上加难。

三、数字金融发展助推产业转型发展的政策建议

(一)充分认识到数字金融的风险

目前,大多数数字金融企业对数字金融风险的认知是模糊的,数字金融发展迷失了方向。主要原因是数字金融企业没有充分认识到数字金融的风险。具体表现为以下三点:一是金融业的高收益率的诱惑;二是外部监管的缺失;三是对金融科技的模糊认知。这要求我们必须提升基于风险的现代金融理念,跨越表象,充分认识数字金融的本质及其风险,区分金融和科技的本质差异及各自的经营风险,发现数字金融的优势,但不可盲目夸大其优点,理性看待数字金融为企业解决信用风险难题、替代银行承担风险、促进产业升级的作用。只有这样,才能最大限度地发挥数字金融的优势,找到数字金融正确的发展方向。

在全面风险管理体系中高度重视数字金融风险。数字金融具备金融属性,其存在金融的相关风险,加之数字金融公司比较脆弱,更容易遭遇风险冲击。此外,数字金融公司能够通过风险传导机制传导风险,这意味着金融科技具有诱发金融系统性风险的可能,而金融科技

游离于监管之外,其不受信息披露约束或由于算法"黑箱"而存在不透明性,而数字金融的市场规模在不断膨胀,可能造成相关金融市场失灵。这意味着防范数字金融风险至关重要。不论是以前的计算机时代,还是目前的数据时代,金融机构是科技的辅助工具。在巴塞尔协议中,外部事件、流程、人员及科技系统为操作风险四大因素。前三个风险因素已经形成了比较合理成熟的风险控制体系,而科技系统的风险管理体系还不完善。虽然数字金融没有产生新的风险,但是数字金融拓宽了金融风险传导机制,使得金融风险传导机制越来越复杂。另外,数字金融的运用加大了金融机构风险暴露的可能。这意味着数字金融的风险应该被重视,在未来的金融体系中,应将数字金融的风险作为重点监管对象。

(二)加强对数字金融的监管及自身管理

2020年下半年以来,对监管部门提出了更高的要求,一方面,我们需要加强对风险承担的监管,区分科技服务和风险服务,应根据服务是否需要监管区分开。此外,数字金融加大了风险传导机制的复杂性,需要将数字金融纳入监管体系中,对其进行统一监管。另一方面,数字金融的监管体系亟须改革创新。面对国内国际双循环的新格局,应抓住新机遇,学习国外的相关经验,结合国内数字金融发展的实际状况,完善相关的监管法律体系,制定相关策略,改革创新监管体系,拓宽监管范围,明确市场准入门槛及监管标准,以防范数字金融带来的风险。此外,监管机构应主动引导行业发展,积极探索大数字金融的正向外溢效应,建立试错容错机制,实行"刚性底线+柔性边界"的监管方式。加强金融业综合统计和数据共享工作,搭建大数字金融监管基础设施。借助大科技公司的技术能力,提升金融监管的科技化、智能化水平。鼓励并规范大科技公司与传统金融机构开展合作,实现融合发展。支持大科技金融率先进入"监管沙箱"试点,以起到带动和示范作用。

在管理金融机构方面,需要改善管理数字金融体系。金融机构广泛运用数字金融,而目前数字金融的运用还不规范,亟须加强对数字金融运用的管理。具体而言,前台利用其操作业务,为客户解决反欺诈等问题,中台利用其大数据合理定价产品,提升与消费者的匹配度。优化风险资本配置,后台运营利用其解决金融机构的运用问题,如支付清算、数据管理等。我们要抓住机遇,利用数据化时代的新兴技术,统一管理客户、产品及生产流程等,完善对数据、风险及资本不同维度的管理。将数字金融与金融工程、风险控制等技术深度融合,加强对金融科技的管理,构建一个统一管理数字金融应用的框架。

(三)把握数字金融创新助推产融结合的趋势

过去,多家银行探索零售转型,并发力消费金融等领域。而近两年来,越来越多的银行根据自身优势开展差异化战略定位和转型路径,银行开始向数字化对公业务转型(产业互联网金融),即伴随着产业数字化升级,可以通过数字化方式服务产业。

产融结合,需要提升行业数字化服务的三大能力。一是数字化平台建设能力。依托核心企业、政府或平台等,以平台化建设为方向推动产业数字化升级,并通过"金融＋业务＋管理"模式提升效率、降低成本、优化产能,赋能各方,如阿里、腾讯、工商银行、光大银行等都在向这个方向突破。二是数据洞察应用能力。商业银行的发展历史悠久,拥有大量的客户信息及经营数据,还能与外部公共数据资源链接起来,一旦将其与产业数据连接、映射,充分运用大数据的优势,将数据发展成生产要素和战略性资源,不但能够拓展客户、识别风险、实现产品的创新,还能降低交易成本、推进业务。此外,商业银行可构建数据治理机制,为数据资产流通作好准备。三是提升数字场景运营能力。"建生态、搭场景、扩用户"是数字经济时代商业银行经营的基本方法,其核心是场景。企业应透彻理解产业,在此基础上寻求客户,建立与生活关联、金融非金融服务融为一体、数据闭环和价值转化的高价值生态场景。此外,金融科技公司应基于数字化、智能化,利用外部场景与数据相连接,构建自己的平台,提升构建数字化场景的能力。同时,要善于运营场景,提供端到端全方位、全生命周期服务,在产业链的场景中融入金融,也可通过BBC的方式,带动零售场景的发展,活跃用户,提升流量及增量、挖掘、创造和转化的流量价值。

(四)发挥好数字金融对产业转型发展的积极作用

数字金融对各个产业都产生了不同的影响,数字金融是技术驱动的金融创新,也是助力实体经济发展与产业转型发展的重要引擎。我们要坚持科技"以人为本",着力提高金融服务的便利性、可得性、包容性,促进绿色经济、可持续发展,避免"数字鸿沟"和贫富分化,坚守数字金融为实体经济服务的本源。此外,需要利用数字金融的这一优势,发挥产业集聚效应,激发产业的创新效能,着力提升企业的发展能力和信用水平,促进资本转移,提升资源整合效率,引导数字金融为国内国际双循环格局服务,为产业转型发展服务。目前,数字金融利用大数据等新兴技术改善了信息不对称的问题,降低了交易成本,发挥了强大的优势。未来应当继续抓住数字金融的优势,形成金融机构的技术优势,为企业发展服务。针对具体地区发展特点,创新金融服务工具,着力解决该区中小微企业融资难题,提升企业的管理水平、生产水平及营销策略,从而提升企业的信用水平,降低金融机构的信用风险,提升资源配置效率,促进产业转型发展。

第三章　数字金融对产业转型发展的影响

第一节　数字金融对产业转型发展的影响机理

一、经济效应

（一）外部经济效应

金融是经济发展的核心驱动力之一,直接配置市场中的资本要素。数字金融主要强调的是机会平等问题,注重的是社会与经济的协调发展,强调建立完善的社会保障体系是经济健康发展的前提。但由于受交易成本高、地域限制强等因素的制约,数字金融政策的实施效果受到一定程度的影响。而近年来,在数字技术的推动下,数字金融与互联网融合,依靠信息化技术建立了更具普惠性的数字金融业务。随着互联网发展的日益完善,金融网络节点增加,各金融机构之间的联系也变得更加紧密,数字金融的使用价值随之增加。除此之外,基于对互联网技术的应用,通过大数据分析和云计算等人工智能技术,互联网可以根据系统中存储的数据,高效精准地在投资项目与投资者之间快速匹配,使得金融资源配置最优化。同时,利用信息技术对金融网络中的金融机构、企业以及个人建立诚信档案与评价机制,可以有效地降低信息不对称风险。

（二）规模经济效应

数字金融的发展是基于现代互联网信息技术的,得益于互联网技术的信息传输功能,数字金融业务的可变成本趋于零,在金融规模扩大的过程中,边际成本不会增加,规模经济明显。数字金融是基于传统数字金融的一种创新性金融服务模式,该模式以互联网为桥梁搭建业务平台,为有金融需求的人群提供成本低廉、形式多样、使用便利的信贷资金。借助互联网技术快速高效的特点,许多金融机构的支付、借贷、投资等业务完全可以在互联网平台进行,这使得资金的周转效率变得更加高效,提高了资本市场的流动性。同时,利用信息在互联网上的高效传递,可以避免信息不对称所带来的风险,金融资源、金融服务以及衍生的相关金融中介服务实现了金融一体化,加深了各金融主体之间的信息交流。数字金融能够借助互联网平台产生规模经济效应,通过空间辐射作用带动本地和周边地区经济发展。

二、直接影响机制

数字金融作为科学技术与金融相互交织融合之下的产物,本身蕴藏着丰富的高新技术和创新理念,由于金融行业的独特地位和占有数据资源共享的独特优势,所以它的发展必然会引起国内方方面面产生技术联动效应,吸引金融行业以外的各行各业来吸取经验,并根据其自身的特点运用高新技术对本身行业进行完善和再创造。同时随着国家相关方针政策的完善,数字金融也为更多的行业和个体进行持续的、可负担金融支持,随着市场内资金和资源的丰富,各个行业内的竞争也日益激烈,数字普惠竞争效应会促使行业中的个体为在这激烈的市场中获得更大的优势而去对自己原本的技术进行创新改造,以适应市场的实时金融变化。同时数字金融的发展促进了资本脱虚向实速度的加快,使大量的资本发现那些落后产业中可以再次焕发生机的个体,在数字金融的支持下,加速产业升级改造和更新技术,重现生机。综上,数字金融自身的技术联动效应以及产业优化效应促进了各行各业的创新和技术发展。

根据优序融资理论,产业在选择融资途径时往往先从内部融资开始,因为内部融资成本高于外部融资成本,但是内部融资水平往往不能满足产业的经营和融资需求,从而导致产业的实际融资水平小于最优水平。相比于非高科技产业,高科技产业具有更高的融资动机,因为产业的一项技术创新通常需要大量资金的支持才能进行下去,在高科技产业中,产业需要进行大量的创新才可以在市场中获得优势,因此相比于非高科技产业,这类产业需要不断寻求资金的支持来满足本产业的技术创新需求①。但是技术创新活动通常都具有投资大、风险高、持续时间长等特点，由于这些特征会使产业在寻求外部融资时面临较高的融资成本。传统金融机构在发放贷款时会考虑所投资项目的流动性、安全性和回报率等问题，而产业技术创新活动的高风险、高投资、收回回报时间长的特点与传统金融机构的贷款发放理念相悖，因此高科技产业从传统金融机构获得资金支持的可能性大大降低，从而对数字金融这一新型金融模式有着更高的需求。数字金融可以通过互联网大数据对产业技术创新活动进行实时监控，更好地掌握资金流向，大大降低了贷款发放、使用过程中的信息不对称问题。

从不同地区的制度和环境水平来看，数字金融的发展和提倡产业技术创新都已成为必然发展趋势，所以一个良好的制度环境不仅可以促进二者各自发展，还可以使二者相辅相成，共同发展。制度环境水平的高低与一个地区金融体系、金融市场、金融中介机构都密切相关，改革开放以后，社会主义市场经济得以建立并不断发展，我国各地区的制度环境都在逐渐变好，但是由于各地区之间的政策差异、开放水平、历史文化等方面的差异，各地的制度环境仍然存在差异。通常在外部制度环境较好的地区，数字金融的发展水平也较高，完善的法律法规不仅可以降低信贷违约风险，还能保护合同的履行，极大程度地保护贷款人的权益；另外完善的制度环境也会向市场传递一种信号，逐渐优化的制度代表信贷可获得性可不断提高，为产业从事技术创新活动可给予更多资金来源支持，同时更好的制度环境也可以让产业的创新成果得到更有效率的转化，在一定程度上减少了不确定性因素，从而激发了产业有更多动力从事产业技术创新活动。

从不同地区的经济发展水平来看，经济发展和技术创新水平是相辅相成的。在经济发展水平较高的地区，由于资源禀赋的优势，其金融体系也较为发达，这给数字金融的发展带来了有利条件，为了满足

---

① 李三印.审计监督对融资约束的影响研究—基于沪深A股物流产业的经验证据[J].物流科技,2020,43(02):160-163

产业在技术创新过程中出现的资金需求,金融机构往往会积极发展数字金融资源,提升了微观产业从事技术创新的动力。而在经济发展水平较低的地区,由于资源的缺乏,可能无法满足数字金融发展时所需要的资金和人员支持,缓慢的数字金融发展也对产业技术创新造成了一定的消极影响,由于无法满足长尾用户的资金需求,产业从事技术创新的动机在一定程度上也会受到制约。

从不同地区的传统金融发展水平来看,数字金融的发展也是依托于该地区传统金融发展水平的。数字金融的本质仍然是金融,只是采取了互联网的形式而已,因此传统金融的发展水平对于数字金融的发展也起着至关重要的影响。在金融业务方面,数字金融的业务模式等于传统金融业务与互联网平台的加成,传统金融发展水平越高,就越有利于数字金融的发展,从而提升数字金融对产业技术创新的驱动作用。在资金方面,传统金融发展水平越高的地区,其来自银行对经济活动的资金支持也往往越多,数字金融的发展也会因此而受益。在金融市场环境方面,传统金融发展水平越高的地区,其金融市场也会更加完善,更有利于数字金融的发展,进而对产业技术创新有更强的激励作用。

另外,从覆盖广度和使用深度两个方面来看,数字金融对产业结构调整的影响机制主要体现在覆盖广度和使用深度两个方面,引导金融资本向新兴产业和高端产业转移,为产业结构升级提供资金保障,促进产业结构升级。

从数字金融覆盖广度来看,一是打破地理空间限制。传统金融服务设立服务机构时青睐于地理位置优越和发展前景好的地区,而对地理位置差和经济欠发达地区设立的机构和配置的人员较少,对技术落后、利润率低和生产率不高的企业支持更少,欠发达地区的企业没有充足资金进行产业和产品改造升级,可能会抑制地区产业结构的升级。数字金融的数字化优势明显,操作流程简便,打破了金融机构和企业地理位置的限制,帮助偏远地区的企业进行投融资活动,支持其产业转型发展。二是服务产业种类广。近年来,我国经济发展逐步由第一产业向第二、第三产业迁移,农业产业现代化和传统制造业升级需要大量的资金投入,但传统金融对房地产、证券市场等收益率较高的行业支持较多,对传统农业和工业等利润率较低的行业支持较少。数字金融资本体量大、适用性强和手续简便,能够缓解农业和传统工业发展的资金约束,为产业发展拓宽融资渠道,促进区域产业结构调整。三是服务企业类型多。传统金融机构为国有企业和上市公司提供的金融服务较多和资金支持力度较大,而小规模企业和民营企业获取贷款的难度较大,尤其是中小微民营企业经常被排除在金融支持之外。据2020年的《中国统计年鉴》数据显示,我国中小微企业占比高达99%,中小微企业涉足各层次产业,对产业结构调整有不可替代的作用。数字金融具有数字化和普惠化的特征,为中小微企业和民营企业提供更加灵活和便捷的金融服务,解决了传统弱势企业融资难的问题,降低企业融资成本,保障各类型企业生产经营的可持续性,促进区域产业结构升级。

从数字金融使用深度来看,一是业务种类丰富,满足企业和个人金融服务需求。新发展阶段下,企业和个人对金融服务的需求不再局限于存贷款,更多地体现在随时随地结算、投资理财等。数字金融的多元化服务不仅能够满足企业不同发展阶段的金融业务需求,也能够满足个人多样化的金融需求。在数字金融服务过程中,首先,金融机构利用吸收存款完成资本的初始积累;然后,通过数字化技术对客户的信息进行全面风险评估和业务匹配;最后,为个人和企业提供支付服务、货币基金服务、结算服务、信贷服务、保险服务、投资服务和信用服务等。数字金融通过满足企业和个人的金融需求和提供丰富的新兴产业信息资源,合理配置金融资本,加速产业结构升级。二是数字金融使用活跃度高,刺激消费需求。数字金融能够通过便利支付和信贷显著影响居民消费。随着数字经济发展和社会进步,数字金融的使用门槛越来越低,在互联网覆盖区域,仅需要一张银行卡和一部手机即可完成整个流程的操作,使用人群广泛且大幅增多,尤其是支付宝和微信等用户通过网络平台支付和借款的行为越来越频繁,刺激了消费者的消费需求多样化,促进产业结构的转型和升级。

三、间接影响机制

当产业处于融资约束的情况时，产业内部融资的成本比产业外部融资的成本低，但产业内部的融资通常并不能满足产业自身的发展需要，甚至无法满足创新研发活动具有投资规模大、周期长、风险高、保密性强的特点，所以其实际的投资并非最优选择，比普通产业面临更高程度的信息不对称问题，相应的融资限制也更为严格。相关文献研究表明，数字金融融合在降低创新融资成本、提高创新融资效率方面具有独特优势，可以通过缓解创新融资约束来鼓励产业进行技术创新。具体影响机制包括以下几点。

（一）避免信息不对称现象

信息不对称是金融机构向产业授信的关键因素，缓解借款人与借款人之间的信息不对称是解决产业融资问题的重要途径。数字金融相比于传统金融机构，在相关信息的收集和处理方面具有很大的优势。利用数字技术推动数字金融发展，通过大数据、云计算等技术进行海量数据的挖掘，对信息进行收集、筛选和信息的处理，包括商务平台和第三方支付平台的产业资金流向和物流信息以及社交网络中客户评级信息的响应行为和偏好特征，还有工商、税费、电费等外部数据，这些数据有助于对产业的财务和经营状况作出更准确的判断，同时这些数据也可以有效缓解产业与金融机构之间所存在的信息不对等的问题。数字金融利用数字技术收集行业、企业和个人的相关数据并进行整合，精确评估企业风险能力，缓解金融机构和企业之间的信息不对称。数字金融通过网络提供金融服务，简化审批流程，缩短企业申请时间，保证企业及时获取资金，能激发企业和个体创业者的创新创业热情。

（二）拓宽中小微企业的融资渠道

中小微企业占比总产业的60%以上，是我国产业的中坚力量，但是却面临着"融资难""融资贵"的现状。给产业发放贷款是银行最重要的业务之一，但是为什么银行等金融机构不喜欢向小微产业发放贷款，以支持小微产业的资金融通和产业发展呢？究其原因不难发现，小微产业往往是成立时间短、底子较为薄弱、生产缺乏足够资金、数据资产的价值并未被重视，同时也没有可供抵押的资产，再加上抗风险能力本身较弱，缺少一套动态监控产业经营状况的机制，所以导致获得银行机构贷款的难度就增加了。可靠数据显示，在此次疫情期间由于缺乏流动资金而停业关门的小微企业多达上万家。除此之外，小微产业由于产品和服务的差异化，所以导致了其对金融服务诉求的"差异化""定制化"，在金融服务市场中很容易不被青睐。所以小微产业的种种特点就成了金融服务市场中的"尾部"市场。

创新是经济发展的原动力。技术进步具有高风险性，传统金融往往不愿意提供资金支持，企业在进行技术进步活动时容易陷入资金短缺困境。相对于传统金融而言，数字金融的"普适性"给中小微企业提供了很多低息贷款，缓解例如其资金的压力，并为其提供了适当、有效的金融服务。如今数字金融也在蓬勃发展中，其发展模式有数字货币、大数据、金融信息化等，极大地丰富了金融服务的内容。它最明显的优点就是成本低、发展快、效率高、覆盖面很广。正好满足了小微产业的需求，而且由于成本的降低，数字金融就可以为小微产业提供个性化和差异化，甚至定制化的金融服务需求，以更加效率的融资方法和渠道来缓解中小微企业的融资难的困境。数字金融具有显著的普遍性和实惠性，数字化的金融服务模式降低了传统金融服务的高门槛，拓宽了企业融资渠道，为缺乏抵押资产的贷款者提供信贷机会，增加融资数量，降低企业融资成本，为企业技术进步提供资金支持，进而促进产业结构转型。

（三）降低产业的融资成本

由于一些传统金融机构有"避险情绪"，且为了减少坏账这种情况的发生，产业需要先进行严格的审查，而且同时还要求必须提供严格的信贷资格证明，这些审查和检查最终会产生一笔高昂的费用，最终这笔费用就通过信贷、利率等最终由产业来承担，本质上来说是从侧面提高了中小微企业的贷款成本。而数字金融利用互联网技术，信息通信和网络数据平台技术，从而可更加系统化、自动化地搜集和处理信息。从这些互联网平台中可搜寻有效信息,确定合适的交易双方无疑降低了双方的成本,节省了交易双方的人力、物力、财力,从而降低了中小微企业的资金融通成本。

(四)提高产业的融资效率

市场是资金价格的决定因素,市场中的所有信息均是透明且有效的,这是资金配置高效率所需满足的两个前提条件。在市场中的供求双方可以互相识别和筛选从而匹配出最有利于自己的价格,从而达到资金优化配置的作用。但现如今,市场中产业的种类繁多使得不同产业的融资需求趋向差异和多元化,传统金融服务的质量和效率越来越难满足中小微企业"多元化""差异化""定制化"的融资需求。此时数字金融概念意义下的金融服务突破了本来的金融服务运行范式。有一个低成本的、开放的、平等的、信息自由流动的网络数据交易大平台,使大量的借款方和出资人十分有效率地相互交流。交易双方可根据此平台上发布的有效信号进行匹配,这种交易不受时空的限制,供求关系和交易信息可做到最大化的透明。当然也会有一些不同的交易平台采用"竞价"的方式确定成交的利率,但是价格是由供求双方共同决定的,所以即使是竞价方式也基本能够客观反映市场供求关系。所以可以说基于传统金融机构发展起来的数字金融服务市场是一个交易双方公正、公平、公开透明的市场,是一个类似于完全竞争的市场类型,这样会使得市场的资金和资源的配置优化的效率大大提高。

(五)优化生产要素配置

技术进步是产业结构升级的内生动力,能够增加区域创新型知识存量,将要素由低生产率区域向高生产率区域流动,实现生产高效化和技术集约化,推动新兴产业发展和产业结构调整。技术进步需要大量资本支持,特别是在数字经济时代下,传统金融服务已经不能满足大多数现代企业高质发展的需求。数字金融需要丰富产品种类,大幅增加金融机构数量,扩大金融服务对象的范围,充分配置资源,完善金融制度,满足各类型企业的金融服务需求,推动科学技术进步,以更好地服务于产业结构转型。

（六）增加高技术产业投入

随着知识积累效应的增强和技术进步水平的提高,新工艺和新技术不断涌现,其科技含量高、功能强、样式多,能够升级原有的中低端产品,满足消费者要求的高端产品,能够加速产业结构升级。先进的技术和工艺能够优化生产流程,降低生产成本,提高市场竞争力,引导投资者加大对高技术、低成本和高生产率的产业投入,缩减低技术、高成本和低生产率的产业规模,驱动产业结构转型升级。

四、非线性影响机制

技术创新是一个过程,并且依赖于市场环境,若这个过程没有遵循市场原则或者是过程中某个阶段受到不确定因素的影响,都可能导致技术创新无法顺利实现。甚至可能会导致创新主体面临债务风险,导致金融系统、经济系统结构失衡。以下为非线性影响的具体原因。

第一,数字金融若缺乏严格的金融监管和完善的制度管理很有可能会反其道而行,不仅不利于中小型企业融资,反而会使得中小型企业融资困境加剧。Admati(2010)提出,若不存在严格合理的金融监管制度,部分金融机构可能会向产业谋取超出正常借款利息的溢出资金,加大产业融资借贷成本,从而遏制产业技术创新的能力。李建军(2019)、王泽力(2013)也指出成本较高的融资方式会造成产业资金紧缩、还款困难、面临违约风险,造成不良后果。而向民间借贷、向影子银行融资等融资方式就是典型的成本较高的融资方式,李建军(2017)认为创新主体不健康合理的融资方式可能会在一定程度上缩减产业的净利润,甚至使其面临债务风险。由于金融监管制度的不完善可能会导致金融系统中未被监管部分快速扩张,也会在一定程度上加剧金融中介机构的波动性。

第二,数字金融往往被政府视为制度性的金融。Beck(2013)指出和实体产业相比,过度发展的金融可能增加实体产业的超额费用。杜强(2016)发现数字金融对地区经济的影响先是呈正向影响,到达某一程度之后,对地区经济发展为负向影响。因此,盲目扩张数字金融反而会遏制地区实体经济的增长。钟润涛(2018)建立了数字金融与经济发展的计量模型,并在模型中引入了数字金融的平方项,得到了数字金融对经济发展影响的倒 U 型模型。同时还对不同地区进行分析,得出这种影响存在着地区异质性。如今诸多学者对全球金融危机进行反思,同样也认为金融规模的过度扩张将会损害金融系统的稳定性、加剧系统性金融风险而对实体经济产生挤出作用。

第三,中小型企业进行技术创新需要进行要素投入,大量的要素投入势必会影响投入要素的价格发生波动,而这种价格波动可能会削弱数字金融给产业转型发展的正向作用。李汇东等(2013)分析指出,为鼓励技术创新行为,政策制定者会为产业的创新行为提供资金支持,会使产业用于创新的资金大幅增加从而提高了相关产业研究要素的总体需求导致要素价格上涨。由此我们可以进行合理的猜想:若数字金融能够增加产业的创新行为,则也可能推动产业对整体创新要素的大幅度增加从而导致要素价格增加,而这种要素价格的增加反过来会对产业的创新产生挤出效应。这是因为,中小型企业在面临较高的要素成本时,更愿意缩减创新支出而将这部分资金投入到低成本、高稳定性的其他运营模式中。导致数字金融对产业转型发展行为的激励作用变得没那么显著。

第四,政府的过度干预行为,可能会削弱数字金融对中小型企业转型发展水平的积极影响。譬如,过度关心当前绩效,在乎短期收益,瞎指挥银行等金融机构的合理性战略,实行以银行利润为成本的数字金融,可能会引起区域内金融机制的停滞不前,严重时甚至会破坏金融系统的稳定性造成金融机制的倒退。并且银行等金融机构很难从单一的宏观调控政策制度中细致分析出中小型企业的融资缺口,从而无法有针对性地推出相应的金融服务,使得数字金融空有其名。致使数字金融服务效率低下,无法服务于产业转型发展。

第五,普惠性金融的发展很大程度上依靠微型金融机构,但是当前微型金融机构更重视追求最大化收益和运营效率,导致其服务客户逐渐向较为富有的中产阶级靠拢,而忽略中小型企业的融资诉求。这与普惠性金融的宗旨背道而驰,出现"使命漂移"现象。"使命漂移"极有可能导致包容性金融推动中小型企业的创新效果大打折扣。

如上文所言,各种因素的存在都可能会导致数字金融发展对产业转型发展的影响充满不确定性。目前,多数学者认为数字金融发展对创新能力有正向影响,也有学者认为数字金融对创新存在消极影响。综上所述,目前中国处于数字金融发展的初级阶段,市场经济、金融体系和宏观调控都存在一定的不可预见性,过度发展的数字金融也有可能会对产业转型发展造成不利的环境,甚至可能抑制产业转型发展能力的提升。

第二节　数字金融对产业转型发展的传导机制

在产业转型发展的过程中,数字金融发挥了无可替代的重要作用,这是由数字金融的功能与内在运行机理所决定的。数字金融对产业转型发展的支撑作用主要通过一定的传导路径得以实现,数字金融的这一支撑作用能否得到最大限度的发挥,关键取决于传导机制是否通畅和完善。下面具体分析数字金融支撑产业转型发展的几大传导机制。

一、资源配置机制

(一)金融的资本集聚功能促进产业规模扩大

间接金融机构,如银行、保险公司、农村信用社等将社会闲散资金以吸收保险费、存款的方式集聚起来,使之成为具有一定规模的长期资本。产业增加投资、调整产业结构、扩大产业规模等需要稳定的资金来源,金融机构吸收的这些长期资本则是主要资金来源。这些社会资金一定程度上解决了产业在转型中面临的资金难题。产业融资除了从间接金融机构获取资金外,也有直接渠道。产业的直接融资与证券市场息息相关。产业通过金融工具如发行债券、股票等从资本市场直接筹集资金,支撑产业加大生产投入力度,调整产业结构,扩大经营规模,实现转型发展的目标。

(二)金融的市场甄别功能有助于优化产业结构

金融具有市场甄别功能,能够对资金的流向进行引导,促进资源的优化配置。这主要从间接融资和直接融资两个方面体现出来。在间接融资方面,间接金融机构,尤其是银行这样的机构,会严格筛选贷款产业和贷款项目,经过筛选后更倾向于为生产效率高、经营效益好的产业提供贷款资金,这有利于保障银行自身的资金流动性、安全性以及收益性。银行向产业发放贷款后,会对产业的资金流向及产业的运营情况进行跟踪了解,以确保贷款资金在产业得到了最大化的利用。在直接融资方面,产业成功融资后,投资者有权监督产业的运营情况。投资者在购买债券和股票时,会经过慎重考虑和选择,如果产业经营方向与市场潮流相符,生产效率高,经营状况好,而且有市场前景,那么这些产业发行的债券和股票更容易受到投资者的青睐。如果产业违背市场运行规律、技术缺乏创新、经营效率低下,那么将很难获得投资和成功申请贷款,会面临严重的资金问题。可见,金融的市场甄别功能使得资金主要流向经营效率高的产业或行业,而经营落后的产业不得不通过技术创新、产业结构升级等方式来改变现状。

二、产业整合机制

(一)资本市场为产业整合提供了重要平台和渠道

产业整合的范畴比较广,产业链上、中、下游环节不同产业的纵向合并与重组;某个环节中多个产业的横向合并与重组以及产业集团内部各部门的整合都属于产业整合的范畴。①有的产业整合是以资本为纽带的,在这种整合方式下,相关产业合并共同发展,各个产业原来的优势依然存在,并能充分发挥,从而实现了产业间的优势互补与取长补短。产业实现产业整合的方式非常多,如证券市场的股权投资与转让、资产并购与资源重组、买壳上市或借壳上市等都是常见的产业整合方式。在产业集团内部的整合中,金融作为重要的纽带与工具发挥了不可替代的作用,正因为有金融这一工具的存在,产业集团的经营才更顺利地走向多元化、高级化以及国际化道路。此外,产业整合在某种程度上也是产业资本与金融资本相融合的结果。

(二)金融创新推动产业整合

金融机构为了自身利益而进行的金融创新对产业整合起到了重要的推动作用,具体表现如下:第一,金融期货期权市场、创业板和中小产业板等股权、证券交易所的市场创新大大降低了金融风险,为产业整合创造了良好的条件;第二,金融产品创新,如产业链融资、商标专用权质押贷款、票据发行便利、联保贷款等为产业融资提供了便利,提高了融资效率;第三,金融机构的创新,如信用担保公司、小额贷款公司等提供金融服务和融资保障,推动中小产业升级。

三、政策导向机制

政策导向促进了产业转型及产业结构的升级,具体从下列三个方面体现出来:

第一,国家通过制定政策对新兴产业的战略性投资和技术创新予以引导,推动产业技术创新和产品创新,进而促进产业升级转型,这些政策主要包括政策性担保、差别信贷政策以及税收优惠政策等;

第二,国家进出口信贷银行、开发银行等政策性金融机构通过发放优惠贷款,为产业调整产业结构、实现转型升级提供良好的条件,但金融机构限制落后产业的贷款申请;

第三,商业性金融机构的监督管理机制较为完善,对于申请贷款的产业,商业性金融机构都要进行严格的贷前审查,发放贷款后还会进行监督,对贷款资金的去向进行跟踪了解,这不仅控制了金融机构自身的风险,也促进了产业的转型。

四、风险投资与风险分散机制

(一)风险投资

获得长远的经济利益及促进产业经济的可持续发展是产业调整产业结构和进行转型的最终目标。为达到这一目标,产业必须加大资金投入力度,这其中必然会承担较高的风险,而且需要较长时间才能看到效益和成果。对此,金融机构要提供常规性融资,投资者要承担较大的风险,而且要等较长的时间才能看到回报,需要耐心等待。符合这些特点的投资有风险投资和私募股权投资。风险投资是指向开发高新技术或促进其产业化的中小产业提供股权资本,通过股权转让来收回投资并获取投资收益的权益性投资行为;私募股权投资是指向非上市高成长型产业提供股权资本,并为产业提供经营管理和咨询服务,以期在被投资产业成熟后,通过股权转让获取长期的资本增值的权益性投资行为。风险投资和私募股权投资为产业转型提供了资金支持,分散了风险。

(二)风险分散

金融的风险分散机制表现在以下几个方面:①担保公司为产业融资提供信誉担保或抵押物;②保险公司为产业提供财产保险、信用保险以及员工人寿保险;③金融市场生态环境的优化和金融监管的加强为产业提供了良好的金融环境;④金融期货期权市场为产业规避利率、汇率、股票、债券等金融资产价格风险提供了途径和工具等。

五、信息揭示机制

数字金融能助力产业转型发展,实现资本的优化配置,但是这个功能的实现是有假设前提的,即金融体系可以有效评估投资项目,准确甄别哪些行业和企业最具投资价值。金融机构在收集与处理金融相关信息上具有专业的优势,而且利用该优势也取得了良好的效益。相比而言,单个投资者要收集和处理庞大且复杂的市场信息和企业信息有很大的难度,他们没有足够的时间与精力,而且也没有很好的方法。所以由于信息成本非常高,就要尽可能向最能实现资本价值的地方去投资。收集与处理庞杂的市场信息和企业信息是金融中介的专职工作,在分析信息的基础上,采用先进的评估方式对投资项目的价值进行甄别,这个专业优势是单个投资者远远不能企及的。市场信息成本随着金融机构的出现而降低,资本配置效率也因此得到了改善。另外,股票市场作为重要的信息载体在生产与传播信息方面也同样具有自己的优势,股票市场不仅汇集了大量的资金,也汇集了各种信息,尤其是产业发展和企业经营的新信息,有的信息是市场主体自愿披露的,而有的是被强制披露的,不管是如何披露的,股票市场的出现使得投资者以较低的成本获取信息,促进了资本配置效率的提升,也有效地推动了产业的转型发展。

六、数字普惠金融对产业技术创新影响的传导机制

产业技术创新离不开资金的投入,而资金投入的一个重要途径就是外部融资。创新是一个兼有高风险和高收益的活动,且从创意的产生到突破技术瓶颈,投入使用进行商业化转化等是一个较为漫长的投资过程,其高风险和投资回报周期长的特征导致其很难获得外部融资。而传统金融体系和机制的不健全也导致产业存在着融资困难的问题[1]。从宏观上看,是因为目前滞后的金融制度无法匹配迅速扩张和发展的经济体量。从微观上看,是由于金融资源提供方与产业之间产生信息不对称进而造成供需错位。而数字普惠金融的特点能够多角度、全方位地为金融服务实体提供高质量与高效率的服务。在提供更多的融资方式的同时可通过大数据检索、共享信息等技术增强信息的流动速度,加快信用审查和筛选速度降低融资成本,减少中小产业的融资约束,进一步提高融资的可能性。

融资约束对产业技术创新的影响过程,多数学者已达成了共识。产业技术创新过程本身需要大量的资金和资源,持续的资源和资金供给是保障产业创新活动正常开展的基础。当产业已经有一个或一些有发展潜力和可能性的创新项目时,如果该产业受到融资约束的限制,在资金和资源方面无法获得足够支持的话,就有可能使有发展前景的创新项目无法开始或被迫停止。另外在研发新技术时如果投入资金不足也会使创新项目的结果受到较大的影响。综上所述,融资约束对产业技术创新存在一定的负面影响。

另一方面,融资约束对产业技术创新也具有促进效应。由于融资

---

①龙小宁,张晶,张晓波.产业集群对产业履约和融资环境的影响[J].经济学(季刊),2015,14(04):1563-1590.

约束使得产业获得的外部融资十分有限,出于资源优化配置的考虑,产业就可能将这份融资资金集中投入到回报率和成功性较大的创新项目,而对其他相对没有前景的项目减少投入和关注,使产业集中全力推进被选择的创新项目,产业资源得到整合利用,促进产业技术创新。而没有融资约束时,产业的现有资源得不到最优利用,同时在多个项目投入资金过多也会导致产业面临风险提高。融资约束能使产业减少低效率和无效的投资,进而推动产业的技术创新。

综上所述,融资约束对产业技术创新的影响是复杂且双面的,在考虑融资约束对产业技术创新的抑制作用的同时也应考虑融资约束通过资源优化配置带来的产业技术创新的积极效用,我们认为在融资约束方面存在一个临界值,当融资约束在一定范围内时,融资约束能够通过促进产业进行现有资源的最优利用,减少不必要的投资,降低产业风险以达到利益最大化,在这种情况下,融资约束对产业技术创新的积极作用能够抵消其抑制作用,进而促进产业的技术创新。而当中小产业的融资约束超过某一限度时,中小产业将没有足够的资金用于投资创新活动,这时融资约束对产业技术创新起到的促进作用远小于其对产业技术创新的负面影响,产业技术创新成果随之受到阻碍。

基于上述传递机制的推理分析,融资约束在对产业的技术创新影响中起着非线性的中介性的作用,且以倒 U 型曲线效应影响产业技术创新能力。

在中小产业的财务费用中,很大一部分是以银行卡为载体的产业金融体系,而在产业金融体系中普遍存在着"所有制歧视"和"规模歧视"等现象,这导致大量中小产业拥有不错的创新项目和一定的创新潜力却无法得到资金支持,逐渐成为金融需求中长尾效应的群体。对于这些中小企业来讲,正式金融渠道的歧视使得它们不得不使用融资成本更高的非正式金融渠道进行融资,获取资金支持其产业的正常经营和发展。而伴随着数字普惠金融的发展,使得中小产业的融资歧视现象被缓解,通过数字普惠金融独有的产业信息综合收集以及处理分析能力,通过整合社交信息网络、搜索结果引擎以及云计算等信息技术手段能够更好地帮助实现产业信息收集筛选和产业风险投资识别，达到降低产业风险投资评估财务成本和降低交易成本的目的。这就能降低中小产业科技创新的财务成本。

数字普惠金融的融资能够提高融资产业对于其财务信息的综合分析和处理能力，通过数字技术对产业融资进行精确管理，帮助降低在融资期间产生的财务费用。而中小产业的融资财务费用降低后可以将更多资金投入创新项目，从而增大其创新意愿和成功可能性。同时，中小产业可用资金的增多带来的充裕现金流帮助产业调整其资本结构，从而更好地应对在创新过程中外部市场环境的风险。相较于财务费用较高，可用现金流较少的产业，在进行创新过程中面临外部环境的变化无法进行及时的产业资本结构调整，可能导致对环境危机应对不及时而陷入困境或破产的境地，对产业创新产生负面的影响。但产业持有过多现金流时，依据自由现金流理论，产业会增大其股东、持有者与产业管理者、代理人之间的代理费用，这是由于企业股东与经营管理者之间对于短期利益和长期利益的重视程度不同造成的结果，股东希望获得长期的可持续的产业价值最大，而经营管理者以个人任期内个人利益最大化为目标，倾向于扩大投资进行生产经营活动，而不是投入风险较大可能获取更多长期利益的创新项目，这就可能导致过度投资和资金分配不均现象的产生。董理等（2016）的研究结果表明，当产业具有剩余债务能力时，具有较高决权的高级管理人员会在现金持有量过多的情况下造成产业投资扭曲。也就是说，长期持有大量现金的产业可能会客观地为经营管理者制造寻租空间，使得经营管理者过度投资和消费公款的可能性增大，而不是将资金大量地用于产业技术研发的投入上，导致企业技术创新水平下降。此外，现金流过多还可能使经营管理者盲目乐观地看待公司经营状况，忽视了同类产业产品市场竞争，不能积极地将产业拥有的资金投入到创新领域增强产业的自身实力，进而减弱了产业的技术创新能力，甚至导致当危机来临时企业无法应对的现象。

综上所述，数字普惠金融能够通过降低中小产业融资的财务成本增加了中小产业的流动资金,恰当份额的流动资金可以为产业技术创新活动提供良好的支持,但当财务费用减少过度,产业持有流动资金过多时,产业经营管理者的行为可能出现偏差,这种偏差可能以寻租行为或者对环境的误判形式表现,从而影响产业技术创新结果。

根据上述分析,产业的财务费用在数字普惠金融对产业技术创新的影响中起着非线性中介作用,数字普惠金融通过降低财务费用,将以倒 U 型曲线效应影响产业技术创新能力。

数字金融的迅速发展极大改善了产业的融资境遇,产业拥有了资金和资源便可以将其用于扩大生产和经营规模,保障资金流动性,同时对扩大市场份额、提高销售收入以及增加内部现金流都会产生有利影响。所以利用数字普惠金融的融资功能能够使产业增加更多的净资产,降低产业杠杆率。同时,产业还对其他杠杆融资的需求会降低,不需要通过其他融资渠道获取资金。特别是数字金融中的新型技术为开展产业技术项目提供支撑条件,在产业经营逐步壮大的情况下,会降低对杠杆的需求。最后,数字普惠金融具有多种业态和功能,其中,数字普惠金融的支付功能具有交易成本低、效率高、安全性强的特点,能够保护产品销售方的利益,使得产业获得充裕的利润和现金流,增加产业内部盈余积累,降低对外部资金的依赖,进而减少产业杠杆融资的需求,即降低了产业杠杆率。

现有科学研究对"产业杠杆能否促进产业创新"的认知方式看法主要大致有三种:促进论、抑制论与其他。部分专家学者通过关于创新外部债务融资模式可持续性获得的创新视角,充分论证了中国银行贷款资金作为中国产业外部债务对外融资的重要收入来源会对中国产业的研发技术创新发展产生积极的推动影响。与此同时,有研究显示杠杆率的提升不利于产业创新(肖海莲、唐清泉、周美华,2014),赞同抑制论的学者认为债务的风险控制要求与创新的高风险间是矛盾的,这是导致创新产业无法实现高杠杆的主要原因。此外,部分业内学者分析认为,产业资产杠杆对我国创新技术研发成果造成的直接影响并不总是一个线性化的关系,需要在不同的市场约束力和条件下进行不同实际情况的综合分析。于晓红和卢相君(2012)都认为在一种静态的产业发展环境下,产业资产杠杆率与产业创新发展战略之间仍然是正向的相互关系,然而相反在一个动态的产业发展环境下,二者的关系则为负向。

在总结前人相关研究的结论基础上,本书同时认为不同产业杠杆率实际水平对于中国产业资产杠杆率以及创新驱动效应的直接影响也可能会因此存在一定差异。一方面,适当的财务杠杆率控制可以达到能够充分发挥降低财务风险杠杆概率放大器的效应,进而推动产业的技术创新。经济经营主体可以通过履行债务或者融资的各种方式,利用自有流和资产流来控制整体现金流和总体的资产,有效支持民营产业的稳定生存和持续发展。现金流量是中小产业长期从事创新投资、经营信用活动非常重要的动力基础,现金流量越大,产业的实际资金流和经营信用状况越好,有可能直接实现产业研发技术支出的大幅增加,提高中小产业技术创新能力,保障中小产业长远健康发展。与此同时,充足的后备资金同样也能够直接使得中小产业技术创新资金活动投资正常顺利进行,适度的资金杠杆率能够使得产业资金链发生断裂的风险可能性大大降低,进而大大降低产业创新投资活动中止的风险。另一方面,杠杆率过高也会带给中小产业高昂的资产融资管理费用,使得许多企业一度陷入面临财务危机的重重困境,减少对研发创新的投入。随着民营产业国有资本资产结构中固定债务的数量的增加,支付的固定资产利息也会随之增加,因此,债务人的融资过程需要稳定的产业现金流,一般产业具有严格的债务风险管理控制体系要求。中小产业技术创新业务具有研发技术与债务市场需求长期不确定性的基本特征,属于高度的风险投资活动,债务的长期风险管理控制能力要求较高导致中小产业在相对高杠杆率的市场情况下往往无法完全满足长期研发技术创新业务活动。另外,产业财务杠杆率过高还会导致产业需要定期支付大额的短期利息费用,降低部分产业的内部财务风险稳定性,增加产业财务危机和产业破产的发生概率。而产业破产后的风险还可能直接影响中小产业经营环境的相对稳定性,导致产业创新项目中止或失败。

综上所述,本书认为,数字普惠金融的发展可以有效降低产业的杠杆率,而产业杠杆率与创新产出之间可能存在一个临界点,在临界点左侧,杠杆率的增大将推动企业技术创新,在临界点右侧,杠杆率的增大将抑制产业的技术创新。因此,产业杠杆在数字普惠金融与产业技术创新的倒 U 型关系起到了非线性非中介传导作用,数字普惠金融通过降低产业杠杆率,以倒 U 型曲线效应影响产业的技术创新能力。

数字普惠金融能够提高中小产业的财务管理和分析水平,其特有的数字信息管理和分析技术能够帮助中小产业更好地进行生产经营过程中各项征信、资金等方面需求的真实状况,使得中小产业的财务信息更加真实、透明、可获取,能够有效缓解融资和投资双方的信息不对称问题,保证中小产业的财务款项清楚、明晰、准确。如前所述,数字普惠金融能够通过其数据分析和计算为正在进行技术创新的中小产业提供适合其项目和产业情况的金融产品,降低产业的杠杆需求,进一步提高产业财务情况的稳定性和产业的抗风险性。

但数字普惠金融的过度发展也会引起其他的财务风险而对产业技术创新起反作用。数字普惠金融能够更好地为那些处于长尾群体的中小产业进行资金的提供,但不排除这些产业会因资金利益而进行不符合自身产业实际情况的金融资产配置,在竞争激烈且环境不稳定的市场中,这些产业最终会因其风险过大,无法保障稳定性而导致破产,这种情况对产业技术创新将产生阻碍。同时,依据金融资源配置平衡理论,从市场上募集的外部资金越多,产业固定资产投资就可能变少。而产业固定资产投资是产业短期债务偿还能力和长期债务筹资偿还能力的体现。在这种情况下,当外部融资资金出现问题时,产业很难进行债务的偿还进而会产生巨大的财务风险,而这在影响产业整体经营状况的同时也影响了技术创新研发人员的主观积极性,影响产业的技术创新。最后,我们还应考虑到风险传染效应对产业财务风险的影响。在产业没有应对风险的能力时,即将到来的财务风险就会加剧。

数字普惠金融的发展对产业财务风险的影响也有限度之分,当数字普惠金融正常稳定发展时,产业财务风险也相对较小,趋于稳定。而数字普惠金融过度发展,则会导致产业财务风险大幅提高。而财务风险能够直接影响产业的经营和创新状况,稳定的财务风险能够促进产业技术创新的正常健康发展,而产业风险过大则会阻碍产业技术创新的进程。根据数字普惠金融对财务风险和技术创新的非线性影响,可以推断财务风险在数字普惠金融对产业技术创新的影响中可能会起到非线性中介作用。

综上所述,财务风险在数字普惠金融对产业的技术创新影响中起到了非线性中介作用,即数字普惠金融先通过倒 U 型效应影响财务风险,进而形成与产业技术创新倒 U 型关系。

在数字金融发展过程中,金融监管起到了至关重要的作用,其监管的方向及力度会直接影响金融行业的发展趋势。因为数字金融的出现也是在当下信息时代趋势下通过科技进行技术创新的过程,其本质上依旧是金融。而金融的发展一直伴随着风险的产生。由于数字普惠金融业务的虚拟性,信息泄露、数字欺诈、定向威胁等风险暴露出来,对消费者乃至整个金融体系的危害性都极大。因此,对数字金融进行有效监管就成为一个十分必要的任务。这不仅关乎着数字金融的作用体现、金融市场的平稳运行,还与微观主体的创新驱动乃至经济体系的良性发展密切相关。必须承认的是,包括数字金融发展在内的所有金融创新都绕不开金融创新、金融风险与金融监管。

随着金融监管的加强,市场的资源得到更合理的配置,从而能够抑制产业金融化活动并引导其加大对研发创新的投入,进而推动产业的创新发展。技术创新活动风险大,成本高,周期较长,拥有较多现金流的产业可能更偏向于投资于周期短、稳定性强的盈利性项目中,替代了对技术创新的投入。而金融监管着重于管控产业在金融领域的投资项目,提升产业进行虚拟经济活动的成本,进而减少产业以往以投资替代为动机的金融化活动,使得产业自身行为受到较大程度的规范。同时,金融监管政策引导金融资源向实体经济的发展转移,在一定程度上能够优化宏观创新环境,降低研发投入的融资约束和产业创新的成本,为产业开展科技创新提供基本的资金保障。

此外,金融监管力度的加大还能规范产业的财务行为,为技术创新活动的展开提供充分的财务保障。当金融监管强度较低时,监管政策不完善,对产业盈利方向的要求较为模糊,产业为满足监管目标以及追求自身利润最大化,采用真实盈余管理修饰和美化财务报表。而很多研究表明,真实盈余管理会降低产业的经营绩效、减少创新投资进而影响产业创新的产出。金融监管机构在资本市场的逐步发展中也在日益完善并且加强了对上市公司的公司治理和信息披露质量的严格要求。对关键环节监管的强化可以使公司信息披露更加透明化,有利于减少产业对实际盈余的过度要求这种不利于创新的财务行为,进而减少出于追求利润而对创新活动产生的抑制影响。进一步地,金融监管强度增大能防范产业再融资风险,有助于提升产业资源的科学利用率,营造稳定的产业财务环境。内部财务风险水平稳定为产业创新研发提供了保障,降低产业的研发风险,驱动产业技术创新发展。

最后,严格的金融监管降低了数字金融的套利和风险衍生行为,有助于数字金融行业的健康良性发展,更有效地达到"金融服务实体经济"的目的。同时金融监管能够强化数字金融的优势:"靶向性"和"安全性",既能够实现数字金融产品的精准供给,又能够借助金融监管防范流动性、信用性等风险,增强产业的数字金融可获取性和使用深度,对于提升产业技术创新产生良性的影响。所以,本书认为,金融监管会缓解数字金融对产业技术创新的负向的非线性影响,金融监管在数字普惠金融与产业技术创新的倒U型关系中起调节作用。

第三节　数字金融对产业转型发展的效应分析

一、数字金融对产业转型发展影响的中介效应

为探究数字金融是否通过需求端居民的消费、供给端企业的创新创业对产业结构优化升级产生了影响,本节首先从理论上介绍了中介效应模型,接着将居民消费(consu)、科技创新(inno)、企业创业(CPEA)作为中介变量,依次探究了数字金融对产业结构高级化和产业结构合理化的中介传导效应。

(一)中介效应模型

中介效应模型最早应用于社会科学的心理学研究领域[①]。当自变量对因变量产生影响时,中介效应探究自变量是否通过某一中介变量对被解释变量产生了影响。可以选用逐步回归的方法检验是否存在中介效应。

首先通过检验自变量对因变量的影响,得到影响路径系数为c,判断其是否显著,在显著的基础上进一步探究自变量是否通过某一中介变量对因变量产生了影响;其次,通过检验自变量对中介变量的影响,看其是否显著,得到影响路径系数a;最后将自变量和中介变量全部纳入回归方程中探究其对因变量的影响,此时得到的c′就表示在控制中介变量后,自变量对因变量的直接影响,系数b表示中介变量作用于因变量的间接影响;当c′不显著则检验结果为完全中介,当c′显著则检验结果为部分中介。将所有变量进行中心化处理后,可用图3-1描述变量之间的关系。

[①]盛如旭,李雪松,汪勇.我国生产率变化机制分析——关于中介效应模型的文献综述[J].现代管理科学,2019(04):3-5.

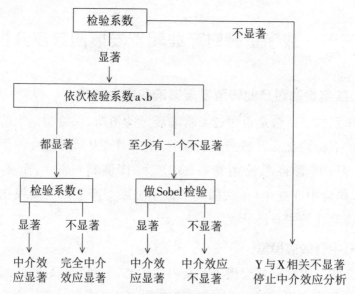

图3-1　中介效应模型探究过程

若系数a,b至少有一个系数没有通过显著性检验时,我们可以使用Sobel检验,当Sobel值通过显著性检验时,则中介效应显著;当Sobel值没有通过显著性检验时,则中介效应不显著。

(二)数字金融对产业结构高级化的中介传导效应

消费作为拉动经济增长的三大马车之一,是我国经济增长的根本动力,对我国产业结构优化升级也产生了重要影响。根据前面理论分析,本书认为数字金融通过促进居民投资理财、提供信贷服务及数字化支付方式刺激了居民的消费,进而推动产业结构升级。本书选用中介变量社会消费品零售总额占GDP的比重衡量消费水平,进行中介效应检验,模型设立如下:

$$SH_{it} = \alpha_0 + \alpha_1 DIF_{it} + \gamma Z_{it} + \mu_i + V_t + \varepsilon_{it}$$

$$consu_{it} = \beta_0 + \beta_1 DIF_{it} + \gamma Z_{it} + \mu_i + V_t + \varepsilon_{it}$$

$$SH_{it} = c_0 + c_1 DIF_{it} + c_2 consu_{it} + \gamma Z_{it} + \mu_i + V_t + \varepsilon_{it}$$

其中,consu为中介变量居民的消费水平,SH代表产业结构高级化,Z为控制变量集,Z_{it}=(urbanit,govit,invit,eduit)T,分别代表城镇化率,政府支出、资本投入、人力资本;γ=($\gamma1,\cdots\gamma4$)T为4x1维参数向量,是其他控制变量的回归系数向量；μ_i为各个省份不随时间变化的未观察因素，控制个体固定效应；vt代表年份固定效应；ε_{it}为误差扰动项。

表3-1第（1）列反映的是数字金融对产业结构高级化的面板回归结果，数字普惠金融对产业结构高级化的回归系数为0.2944，且在0.05的显著性的水平下通过了检验。说明在控制其他变量不变的情况下，数字金融每上升一个单位，产业结构高级化指标将会显著提升0.2944个单位，数字金融的发展促进了产业结构的高级化。

表3-1　产业结构高级化的中介效应检验结果

变量	（1）	（2）	（3）	（4）	（5）	（6）	（7）
	SH	consu	SH	inno	SH	CPEA	SH
DIF	0.2944**	0.7129***	0.0394	0.2839***	0.1989***	43.078***	0.2323***
	(0.021)	(0.000)	(0.788)	(0.000)	(0.000)	(0.000)	(0.000)
consu			0.3576***				
			(0.001)				
inno					0.1861**		
					(0.000)		
CPEA							0.000449
							(0.124)
控制变量	是	是	是	是	是	是	是
个体固定	是	是	是	是	是	是	是
时间固定	是	是	是	否	否	否	否

注：括号里表示回归系数，括号外表示P值，***、**、*分别表示在显著性水平为1%、5%、10%的情况下显著

以居民人均消费支出这一变量衡量居民的消费水平，上述（1）、（2）、（3）列报告了中介变量为消费水平时中介效应模型的回归结果。结果显示，数字金融对居民的消费需求产生了正向的促进作用，且消费需求对产业结构高级化也产生了正向的影响。中介变量对产业结构高级化的回归系数为0.3576，且通过了显著性检验，而数字金融的回

归系数未通过显著性检验。这说明,数字金融对产业结构高级化的影响中产生完全中介的效应,但相关研究表明完全中介这一结果存在一定的局限性,应将所有中介都看作部分中介,即可解读为数字金融在需求端主要通过刺激消费需求,提升居民消费水平这一渠道推动了我国产业结构高级化,助力产业结构优化升级。互联网用户的广阔覆盖率、强大的第三方支付工具,助力了数字金融的快速发展,便利了居民的支付行为,为更多用户提供便利的金融服务,促进了消费水平的提升,改善了居民的消费结构层次,促进了产业结构高级化发展;同时数字金融发展带动了电子商务产业的蓬勃发展,大大激发了消费活力,促进了产业结构的优化升级。

将科技创新作为中介变量,建立与第(1)—(3)列相似的中介效应模型。其中,第(4)列显示了数字金融对科技创新水平的影响,第(5)列显示了加入中介变量(科技创新)数字普惠金融对产业结构高级化的影响。结果显示,数字金融促进了科技创新的发展,科技创新和数字金融对产业结构高级化的影响系数均为正,且均通过了显著性检验。这说明科技创新对产业结构高级化的影响中存在显著的中介效应。数字普惠金融缓解了企业资金的困境,使得企业拥有大量资金可以投入科研创新,而科研创新水平的提高,提高了产业生产效率,推动产业的更替,促进产业结构高级化发展。

以 CPEA 这一指标测度地区创业水平,将企业创业水平作为中介变量,建立中介效应模型。从数字金融对创业水平的影响显示,其系数显著为正,从数字普惠金融和企业创业对产业结构高级化的影响系数显示,均显著为正,而企业创业水平对产业结构高级化的系数为正,但没有通过显著性检验,因此进行 Sobel 检验,Sobel 值为 0.0193,P 值为 0.1279,不能拒绝原假设。因此,可得到数字金融来通过企业创业这一渠道促进产业结构高级化。

(三)数字金融对产业结构合理化的中介传导效应

当因变量为产业结构合理化,中介变量为居民消费时,建立中介效应模型如下:

$$SR_{it} = \alpha_0 + \alpha_1 DIF_{it} + \gamma Z_{it} + \mu_i + V_t + \varepsilon_{it}$$

$$consu_{it} = \beta_0 + \beta_1 DIF_{it} + \gamma Z_{it} + \mu_i + V_t + \varepsilon_{it}$$

$$SR_{it} = c_0 + c_1 DIF_{it} + c_2 consu_{it} + \gamma Z_{it} + \mu_i + V_t + \varepsilon_{it}$$

式中 SR 代表产业结构合理化指标,其他变量的定义与前文相同。

表3-2 的第(1)列为数字金融对产业结构合理化的面板回归结果,数字金融对产业结构合理化的影响系数为0.2732,且通过了显著性检验。这说明,在控制其他变量不变的情况下,数字金融指数上升一个单位,产业结构合理化指数将会显著提升0.2732个单位,数字金融的发展促进了产业结构的合理化。

表3-2 产业结构合理化的中介效应检验结果

变量	(1)	(2)	(3)	(4)	(5)	(6)	(7)
	SR	consu	SR	inno	SR	CPEA	SR
DIF	0.2732***	0.7129***	0.1479	1.2106***	0.1117	79.884***	0.2332**
	(0.000)	(0.000)	(0.101)	(0.000)	(0.160)	(0.000)	(0.003)
consu			0.1758***				
			(0.009)				
inno					0.1334***		
					(0.000)		
CPEA							0.0005**
							(0.000)
控制变量	是	是	是	是	是	是	是
个体固定	是	是	是	是	是	是	是
时间固定	是	是	是	是	是	是	是

注:括号里表示回归系数,括号外表示P值,***、**、*分别表示在显著性水平为1%、5%、10%的情况下显著

表3-2 的(1)(2)(3)列探究了数字金融是否在需求端通过居民消费促进了产业结构合理化发展,当加入中介变量消费水平时,消费水

平对产业结构合理化的影响系数也存在显著的促进作用,数字金融对产业结构合理化的回归系数为0.1479,P值为0.101,即数字金融在需求端主要通过居民消费这一中介渠道促进了产业结构合理化。

表3-2的(1)(4)(5)列探究了当中介变量为科技创新时,数字金融对产业结构合理化的作用机制。数字金融对科技创新有显著的促进作用;第(5)列中,加入中介变量后,中介变量对产业结构合理化指数也通过了显著性检验,且为正向,因此我们认为科技创新这一中介效应显著,即数字金融通过科技创新这一中介渠道促进了产业结构合理化。技术创新为各个产业的高效发展注入新动能,大大提高其劳动生产率,调整产业间的劳动力结构,促进各个地区生产要素的合理配置;同时,科技创新对落后低效产业进行淘汰,引入更多新兴高效产业,提高产业竞争力,优化三大产业的生产规模,增强产业间关联程度,提升产业结构整体效益,促进产业结构合理化发展。

表3-2的第(1)(6)(7)列探究了当中介变量为企业创业时,数字金融对产业结构合理化的作用机制。数字金融对企业创业的影响系数显著为正,即数字金融对企业创业这一行为有显著的促进作用;在加入中介变量后,数字金融对产业结构合理化指数的影响系数依然显著为正向。因此,可以得到数字金融通过提高地区的创业活跃度促进了产业结构合理化。数字金融缓解了中小企业的融资困境,为企业创业提供了资金支持,促进了相关产业的发展,并带动相关产业人员的就业,促进了我国产业结构合理化。

二、数字金融对产业转型发展影响的空间效应

通过前文的描述性统计分析,发现产业结构高级化、合理化以及数字金融在地理位置上存在着一定的集聚性,变量之间可能存在空间关联性。因此本节在考虑空间因素的基础上,探究数字金融对产业结构优化升级的影响。首先选择平方反距离权重矩阵作为实证研究的空间权重矩阵;接着对产业结构高级化、产业结构合理化、数字金融进行了空间自相关检验,发现其分布并不是呈现随机分布的状态,具有一定的空间依赖性;最后通过LM检验、豪斯曼检验、时间个体固定效应检验、LR检验和Wald检验确定建立空间杜宾模型探究了数字金融对产业结构高级化的空间溢出效应,建立三种空间计量模型综合分析了数字金融对产业结构合理化的空间溢出效应。

(一)空间权重矩阵的选择

在进行空间计量分析之前,选择空间权重矩阵是一个非常重要的问题。从现有文献来看,目前空间权重矩阵的设定主要有两种,一是根据空间地理距离来划分的空间权重矩阵,二是根据社会经济因素来构建的空间权重矩阵。

地理邻接权重矩阵主要以地理距离为主要特征,两省份在地理位置上相邻记为1,不相邻则为0。相邻的定义有三种,分别根据相邻地区只存在公共边、只存在公共点和存在公共边或者公共点分为车相邻、象相邻和后相邻三种情况。0-1权重矩阵具体表示如下,其中i,j表示空间区域。

$$W_{ij} = \begin{cases} 1, & i\text{与}j\text{相邻} \\ 0, & i\text{与}j\text{不相邻或}i = j \end{cases}$$

地理距离矩阵的核心概念是随着距离增大,预测点的值受到离散点的影响变小,也就是权重变小,可用距离的倒数直接构造空间权重矩阵,也可选用距离平方项构造平方反距离权重矩阵,公式如下:

$$W_{ij} = \begin{cases} \dfrac{1}{d_{ij}^2}, & i \neq j \\ 0, & i = j \end{cases}$$

经济距离矩阵认为相邻地区的经济发展情况联系密切,可根据具体的研究问题构造相关的经济权重矩阵,根据投入产出表中的数据构造了工业部门各个行业的购买距离和销售距离;将地区间人均实际GDP差额构造经济权重矩阵,公式如下:

$$W_{ij} = \begin{cases} \dfrac{1}{|g_i - g_{jl}|}, & i \neq j \\ 0, & i = j \end{cases}$$

其中,g_i,g_j表示ij地区的人均生产总值。

本书研究对象为产业结构优化升级这一经济变量,为避免模型产生内生性问题,因此不考虑使用基于社会经济因素构建的空间权重矩阵。选用地理距离平方项构造的平方反距离权重矩阵进行研究,该矩阵可以表示两个省(市)之间的产业结构优化升级的影响随着距离的增加而衰减,空间效应相比于距离水平值构造的反距离权重矩阵衰减速度更快。

(二)空间自相关性检验

对变量进行空间自相关性检验是设立空间计量模型的基础。全局空间自相关用来检验所研究指标在区域整体的空间集聚情况,后者用于描述局部区域属性值所在位置和空间集聚情况,用来识别空间异质性。

1.全局空间自相关检验

在全局相关分析中,我们经常使用全局莫兰指数这一统计量检验空间单元之间的相关性。计算公式如下:

$$I = \frac{\sum_{i=1}^{n}\sum_{j=1}^{n}W_{ij}(Y_i - \bar{Y})(Y_j - \bar{Y})}{S^2\sum_{i=1}^{n}\sum_{j=1}^{n}W_{ij}}$$

式中,$S^2 = \frac{1}{n}\sum_{i=1}^{n}(Y_i - \bar{Y})^2$,代表观测值的样本方差;$\bar{Y} = \frac{1}{n}\sum_{i=1}^{n}Y_i$,代表观测值的平均值。全局莫兰指数I的值域为[-1,1],I>0表示空间上,地区之间存在正相关性,即指标值大的地区邻近地区也相当,具有一定的聚集性;I=0表示地区之间空间没有相关性,分布相对发散;I<0表示空间上,地区之间存在负相关性,即指标值大的地区与指标值小的地区靠近,呈现高低分布。

对产业结构高级化、合理化、数字金融指数进行全局莫兰指数检验,W1基于邻接权重矩阵,运用Geoda软件计算得到全局空间莫兰指数值;W2基于各省份的球面距离来构造平方反距离权重矩阵,并在statal6语言中将其进行标准化,采用forvalue循环语句依次计算2011—2019年产业结构高级化、产业结构合理化、数字金融发展指数的全局空间莫兰指数值。

根据莫兰指数的检验结果,产业结构高级化的全局莫兰指数在

W1权重矩阵下相对显著,产业结构合理化和数字金融至少在10%的显著性水平下通过了检验,即在这些时间截面上的产业结构合理化指数、数字金融指数存在空间自相关性,莫兰统计量的值均大于0,说明这些省市在数字金融指数这一指标中呈现空间自相关性,即该指标值高的地区与指标值高的地区邻近,指标值低的地区与指标值低的地区邻近,这与一般认知和现有研究结果相吻合。而产业结构高级化指标在W2的权重矩阵下的莫兰指数在2011—2014年小于0,即产业结构高级化可能存在空间负相关性,即该指标值高的地区与指标值低的地区邻近,随着时间的推移,其相关性在逐渐增强。

综上说明,产业结构高级化、产业结构合理化在31个省(市)的分布状态并不是随机分布的,具有一定的全局空间相关性。在实证过程中将产业结构高级化、合理化和数字金融的空间相关性考虑在内,探究其空间溢出效应。

2.局部空间自相关检验

全局莫兰指数描述了我国31个省(市)整体的分布状况,判断了整体上的空间聚集特性,无法得知准确的聚集地区,局部莫兰指数可以得知空间集聚现象存在的具体地方。

本书选取研究数据2011年和2019年两个起止时间节点,以平方反距离权重矩阵计算这些省市数字金融指数的局部莫兰指数(表3-3)。其中,I值为每个省份为条件的局部莫兰指数值。当$I_i>0$且$Z_i>0$时,表示第i个地区与其周边地区观测值高于平均水平,属于高—高集聚;当$I_i>0$且$Z_i<0$时,表示第i个地区与其周边地区观测值低于平均水平,属于低—低集聚;当$I_i<0$且$Z_i>0$时,表示第i个地区观测值水平较高,周边地区观测值水平较低,属于高—低集聚;当$I_i<0$且$Z_i<0$时,表示第i个地区观测值水平较低,周边地区观测值水平较高,属于低—高集聚。如北京市的$I>0,Z>0$,说明北京地区的与其周边地区的数字金融指数高于平均水平,属于高—高集聚。

表3-3 2011年、2019年数字金融指数的Local Moran's I

省市	2011DFI			2019DFI		
	I	Z	P值	I	Z	P值
北京市	1.403	2.270	0.012	0.703	1.176	0.120
天津市	1.527	2.450	0.007	0.902	1.485	0.069
河北	0.132	−0.297	0.383	−0.161	−0.389	0.349
山西	0.025	0.168	0.433	0.052	0.247	0.402
内蒙古	0.068	−0.14	0.444	−0.043	−0.041	0.484
辽宁	0.016	0.046	0.481	0.077	0.308	0.379
吉林	0.006	0.056	0.478	0.396	0.880	0.190
黑龙江	0.137	0.295	0.384	0.490	0.912	0.181
上海	2.571	5.353	0.000	3.123	6.555	0.000
江苏	0.354	0.836	0.202	0.746	1.702	0.044
浙江	2.296	5.290	0.000	2.733	6.343	0.000
安徽	−0.311	0.609	0.271	0.181	0.474	0.318
福建	0.539	2.720	0.003	0.658	3.295	0.000
江西	0.147	−0.414	0.339	−0.064	−0.111	0.456
山东	−0.030	0.016	0.494	0.038	0.304	0.381
河南	−0.055	−0.120	0.452	−0.006	0.153	0.439
湖北	0.000	0.129	0.449	0.101	0.522	0.301
湖南	−0.015	0.071	0.472	−0.103	−0.270	0.394
广东	0.009	0.203	0.420	0.074	0.519	0.302
广西	−0.017	0.055	0.478	−0.016	0.062	0.475
海南	0.037	0.204	0.419	0.009	0.125	0.450
重庆	−0.026	0.026	0.490	−0.013	0.069	0.473
四川	−0.002	0.094	0.462	0.040	0.221	0.413
贵州	0.100	0.557	0.289	0.076	0.458	0.324
云南	0.238	1.101	0.135	0.158	0.781	0.217
西藏	0.342	3.036	0.001	0.237	2.164	0.015
陕西	0.012	0.142	0.443	0.005	0.248	0.402
甘肃	0.740	1.660	0.048	0.783	1.769	0.038
青海	0.846	1.625	0.052	0.876	1.699	0.045
宁夏	0.187	0.930	0.176	0.380	1.759	0.039
新疆	0.271	2.750	0.003	0.237	2.395	0.008

　　为更直观地得到各个省(市)的数字金融的局部聚集程度,可以结合局部莫兰散点图分析,可以看出,我国较多的省(市)位于第一象限和第三象限,即存在高高集聚、低低集聚的现象,说明了这些省(市)的数字金融发展存在着空间正相关性。2019年位于第一象限的省(市)有北京、天津、安徽、山东、海南、湖北、广东、福建、江苏、浙江、上海,位于第三象限的省(市)有内蒙古、广西、贵州、山西、西藏、宁夏、吉林、黑龙江、青海、甘肃、四川陕西,河北、河南、湖南、江西、重庆位于第二象限和第四象限,说明这些省(市)的数字金融发展存在着空间负相关性。

　　综合以上所述,数字金融指数在空间上存在明显的空间集聚性,因此,本书在建立空间面板计量模型时,将数字金融及其他因素对产业结构高级化、产业结构合理化之间的外生交互效应考虑在内,分析数字金融对产业结构优化升级的空间溢出效应。

(三)空间面板模型

　　空间面板数据模型将普通的面板数据模型和空间计量经济学结合起来,将区域或者截面维度的空间交互效应(Spatial Interaction Effects)考虑在内,建立形成空间面板计量经济模型。根据纳入模型交互效应的不同,可以分为空间滞后面板模型(Spatial Lag Panel Model,简称SLPM),空间误差面板模型(Spatial Error Panel Model,简称SLPM)和空间杜宾面板模型(Spatial Durbin Panel Model,简称SDPM)。在空间滞后面板模型中,考虑因变量的内生性交互效应,将因变量的空间滞后因子加入分析;在空间面板误差模型中,考虑误差项之间的交互效应,将误差项设定空间依赖;在空间面板杜宾模型中,考虑相邻地区的因变量和各自变量的溢出效应,将因变量和自变量的空间滞后项加入模型进行分析。

　　本书在考虑空间因素的基础上,建立空间面板数据模型,分别将产业结构高级化、产业结构合理化作为因变量,数字金融作为核心解释变量进行探究。

1. 空间面板模型的选择

为进一步确定模型,需要探究变量之间的空间交互效应,可依据 Anselin 提出的拉格朗日乘子(LM)检验和稳健的拉格朗日乘子(Robust-LM)检验进行空间依赖性检验,以此选择建立合适的空间面板模型。LM(err)和 RobustLM(err)检验的原假设为模型中不存在空间误差项;LM(lag)和 RobustLM(err)检验的原假设为模型中不存在空间滞后项,表 3-4 为数字金融对产业结构高级化、合理化的 LM 检验与 Robust-LM 检验结果。

表3-4 数字金融对产业结构高级化、合理化的LM检验与Robust-LM结果

检验	产业结构高级化			产业结构合理化	
	系数	P值	系数	P值	
LM(err)tes	221.224		0.000	143.042	0.000
RobustLM(err)test	78.217		0.000	12.244	0.000
LM(lag)test	145.372		0.000	158.807	0.000
RobustLM(lag)test	2.365		0.124	28.009	0.000

数字金融对产业结构高级化的 LM 检验结果显示,LM(err)和 RobustLM(err)都在 0.001 的显著性水平上通过了检验,即证明模型中存在空间误差项;对产业结构高级化的滞后项是否存在空间自相关的检验中,LM(lag)的统计量在 0.001 的显著性水平上通过了检验,但 RobustLM(lag)检验的 P 值为 0.124,未通过显著性检验,说明模型中可能存在空间滞后项,为进一步更准确地度量数字金融对产业结构高级化的影响,先考虑建立空间误差模型、空间滞后模型,后面对模型再次进行比较分析。

数字金融对产业结构合理化的 LM 检验结果显示,LM(err)和 RobustLM(er)、LM(lag)和 RobustLM(lag)均通过了显著性检验,即模型的空间滞后项和空间误差项均具有空间自相关性。因此本书在模型建立时将同时考虑使用空间误差模型、空间滞后模型。

上文通过数字金融的空间自相关性检验,得到数字金融存在着空间相关性。为探究周边地区数字金融对产业结构优化升级是否存在空间溢出效应,考虑建立空间面板杜宾模型。接下来分别对数字金融

对产业结构高级化、产业结构合理化的相关模型进行 LR 检验和 Wald 检验,以此进一步确定合适的空间面板数据模型。

2.豪斯曼检验

为了设定准确的模型和获得恰当的参数估计值,对模型进行豪斯曼检验,确定模型效应的选择。通过检验得知产业结构高级化和产业结构合理化 Hausman 检验值分别为 36.18,32.66,且均在 0.01 的显著性水平下通过了检验,因此我们确定选用固定效应模型。

3.检验选择的效应

通过似然比(LR-test)检验,确定模型是个体固定、时间固定还是将时间个体进行双向固定。将数字普惠金融对产业结构高级化、产业结构合理化的三种空间面板模型分别进行了检验。检验得知,数字金融对产业结构高级化影响的三种空间面板模型的空间固定效应、时间固定效应的 P 值均显著为 0,即均拒绝原假设,应建立个体时间双向固定效应的空间面板模型。根据因变量为产业结构合理化时个体固定效应、时间固定效应的检验结果,空间固定效应和时间固定效应均通过 1% 水平下的显著性检验,因此可以建立时空双固定效应的空间面板数据模型来研究数字普惠金融对产业结构合理化的影响。

4.LR 检验和 Wald 检验

LR 检验和 Wald 检验对空间杜宾模型(SDM)是否可以退化为空间滞后模型(SAR)或空间误差模型(SEM)进行检验。LR 检验的原假设为 $H_0^2: \theta=0$,即 SDM 可以简化为 SEM 或 SAR;Wald 检验的原假设为 $H_0^2: \theta+\alpha\beta=0$,即 SDM 可以退化为 SEM 或 SAR。韩峰(2017)研究认为,空间面板杜宾模型是空间面板滞后模型更一般的形式,当 LM 检验与 LR 和 Wald 的检验结果存在差异时,选择空间面板杜宾模型更适用。因变量为产业结构高级化时,空间面板模型的 Wald 检验和 LR 检验的 P 值均小于 0.1,因此在 0.1 的显著性水平下拒绝原假设,即 SDM 模型不可以退化为 SEM 或者 SLM 模型。对于产业结构合理化,Wald 检验和 LR 检验在 0.001 的显著性上水平均通过了显著性检验,因此,本书接下来考虑建立空间面板杜宾模型研究数字金融对产业结构高级化、合理化的影响。

因此,综合上述拉格朗日乘子检验、豪斯曼检验、效应选择、LR检验和Wald检验的结果,应建立个体时间双向固定的空间面板杜宾模型研究数字金融对产业结构高级化、产业结构合理化的影响。

(四)数字金融对产业结构高级化的空间溢出效应

通过建立个体固定效应、时间固定效应、个体时间双向固定效应的空间面板杜宾模型,可以得知数字金融对产业结构高级化的影响系数均为正,且至少通过了0.1的显著性水平检验,说明数字金融促进了产业结构高级化发展,且结果具有一定的稳健性。接下来选择个体时间双向固定的空间面板杜宾模型进行解释。

数字金融对产业结构高级化的影响系数显著为正,说明数字金融的发展促进了产业结构高级化。政府支出对产业结构高级化产生正向的影响,说明政府通过财政支出对不同产业的劳动力和资源进行了合理的配置,对我国产业结构优化升级起到了促进作用。城镇化率(urban)对产业结构高级化的影响系数显著为负,说明在该阶段,数字金融对产业结构高级化产生了抑制作用,可能存在的原因是虽然大量的农村劳动力由农村转向城镇,但受该部分劳动力人力资本水平较低的限制,不能够融入高新科技等新兴产业的创造中,更多地从事第二产业增加值的创造,因此不能够促进产业结构高级化的发展;人力资本、资本投入水平对产业结构高级化的影响系数并未通过显著性检验。

空间滞后变量(空间自相关变量)Wx反映了距离相近省份的解释变量对于本省份被解释变量的影响。产生这样的结果在于,根据资本的趋利性,数字金融发展水平高的地区,说明该地区资金回报率相对较高,这会对周边地区产生一种虹吸效应,吸引周边地区更多的资源和人才等优势资源流入本地地区,对周边地区的经济发展产生不良影响,对周边地区的产业结构高级化发展产生抑制作用。另外,实验结果还表明,周边地区的城镇化率对本地的产业结构高级化具有负向的传导效应;一个地区的固定资产投资水平越高,越有利于周边地区产业结构高级化发展,对周边地区的产业结构高级化发展产生了正向的传导效应。

产业结构高级化的空间效应系数为-0.5354,通过了显著性检验。说明相邻地区产业结构高级化对本地区产业结构高级化发展存在负向的空间溢出效应,这进一步导致了我国地区之间经济发展不均衡。产业结构高级化水平高的地区对资源和人力的吸引力更强,能够提供更好的机会和平台,很快地得到回报,产生虹吸效应,抑制了周边地区的产业结构高级化发展。

表3-5展示了产业结构高级化时间个体双向固定效应空间杜宾模型直接效应、间接效应、总效应的分解。

表3-5　产业结构高级化SDM直接效应和间接效应分解

变量	直接效应	P值	间接效应	P值	总效应	P值
DIF	0.296**	0.045	−0.565***	0.008	0.269*	0.060
urban	−3.288***	−3.837***	0.000	0.001	−7.125***	0.000
gov	1.335***	0.000	−0.863	0.122	0.472	0.448
inv	−0.131**	0.012	0.537***	0.406***	0.000	0.000
edu	0.018	0.627	0.0516	0.534	0.0697	0.350

从直接效应来看,数字普惠金融(DIF)、城镇化率(urban)、政府干预(gov)、资本投入(inv)在直接效应上都十分显著,表明本区域中数字普惠金融发展水平和政府干预程度每上升一个单位会促进本区域的产业结构高级化指标上升0.2957、1.335个单位;本区域中城镇化率、固定资产投资水平每上升一个单位会降低本区域的产业结构高级化程度3.288、0.131个单位。

从间接效应来看,数字普惠金融(DIF)、城镇化率(urban)、资本投入(inv)在间接效应上都十分显著,表明相邻地区的数字普惠金融发展水平、城镇化率每上升一个单位,产业结构高级化指标降低0.565、3.837个单位,即周边地区的数字普惠金融发展水平、城镇化率会对本区域的产业结构高级化产生负向的空间效应;相邻地区的资本投入(固定资产投资水平)每上升一个单位,产业结构高级化指标提高

0.537个单位,即周边地区的固定资产的投资水平对本地区的产业结构高级化发展具有正向的空间溢出效应。

从总效应来看,数字金融(DIF)、城镇化率(urban)、资本投入(inv)的总体效应的符号与间接效应的符号一致,且均显著。表示,当所有区域的数字普惠金融发展水平、城镇化率、资本投入水平每提高一个单位,本区域的产业结构高级化水平变动-0.269、-7.125、0.406个单位,这进一步说明周边地区对本地区的产业结构高级化发展产生了显著的空间溢出效应。

(五)数字金融对产业结构合理化的空间溢出效应

通过对比分析建立三种空间面板计量模型,空间面板杜宾模型中,在考虑周边地区数字金融对本地区产业结构合理化的影响作用后,数字金融对产业结构合理化的影响系数为正,但未通过显著性检验,而周边地区的数字金融对本地区的产业结构合理化的影响系数显著为正,一定程度上说明了数字金融的发展对产业结构合理化产生了积极影响;而空间面板自相关模型和空间面板误差模型中,数字金融对产业结构合理化指数的系数均显著为正,且通过了0.001的显著性检验,因此可以认为数字金融对产业结构合理化产生了正向的影响。

产生这一结果的原因可能是周边地区数字金融的发展带动了地区的创新创业,提高了劳动生产率,对本地区起到了良好的带头模范作用,产生了良性的效仿和辐射效应,促进了本地区的产业结构合理化。

从控制变量来看,城市化率对产业结构合理化的影响系数显著为正,说明城市化水平越高,越有利于产业结构的合理化发展。这说明,大量的农村劳动力从农村转向城镇,更多的人投入到第二、三产业中,优化劳动力生产效率,使得各个产业的增加值与其参与的劳动力人数相匹配,促进了产业结构合理化;人力资本对产业结构合理化的影响系数显著为负,在这一阶段,居民平均受教育年限的增长,对产业结构合理化产生了消极影响。可能的原因是在劳动力人力资本与厂商的技术采用存在互补性,导致我国陷入"低技术"均衡,从而对产业结构合理化产生显著的消极影响;周边地区的城镇化率、周边地区的政府支出水平以及周边地区的人力资本水平对本地的产业结构合理化具有负向的传导效应;周边地区的固定资产投资水平对本地的产业结构合理化具有正向的传导效应。

第四章　数字金融对产业转型发展的
影响评估

第一节　数字金融的经济测算

数字金融是数字经济组成部分并为数字经济的发展提供了重要支撑。数字金融是现代金融业发展的重要特征,因为现代金融业最能迅速反映信息技术的迭代升级。金融业就是一种 IT 行业,那些大力投资大型 IT 系统,运用数字新技术的金融机构,能为客户提供更便捷、更高效的金融服务,更精准地防控风险,从而在业内胜出。许多金融科技公司也正是凭借广泛获客、掌握海量数据的优势来提供多种数字金融产品。数字金融提高了经济运行效率和金融消费者的福利,使服务更具有普惠性,为经济高质量包容发展作出了贡献。近年来,我国发布了《数字经济发展战略纲要》《"十四五"数字经济发展规划》,密集出台了一系列维护信息安全、促进公平竞争、促进平台经济规范发展的法律法规,积极参加数字贸易规则和相关协定的国际谈判。数字经济将更好地为构建我国新发展格局、实现高质量发展和促进经济全球化助力。

一、概念界定与理论基础

(一)相关概念

1.数字经济

追溯数字经济发展史,数字经济的雏形是"信息经济"。1962 年,马克卢普最早提出"信息经济"这一概念,随着时代向前发展,科学技术开始向各个领域渗透,与此同时,以"信息"为依托的经济模式发生了极大变化,信息经济开始被赋予更加丰富的内涵。从 20 世纪 90 年代起,数字技术在信息产业中开始凸显,电子计算机的现身引起了新的变化,随着电子计算机的生活化和大众化,以电子商务为代表的新型商业模式开始兴起,这种由数字技术发展引起的经济发展模式改变衍生出了一个新概念,即数字经济。

关于数字经济的内涵,国内外学者从不同的角度进行了界定,总的来看,数字经济呈现出以下特征:①数字化信息是数字经济发展的核心要素,其能够创造新活动并产生新价值。与其他生产要素相比,数字信息具有易复制性、非排他性和可再生性等优势,其低廉的价格为数字化企业带来了成本优势,同时,它还能够突破传统生产要素对于经济增长的有限作用,从而成为经济持续增长的源泉;②数字信息技术在数字经济中发挥基础性作用。数字信息技术是一种通用技术,其具备渗透性、外溢性等显著特征,能够融入并渗透到生产、分配等各个环节,拓宽经济增长空间。数字技术不仅能够不断衍生出新业态、新模式,还能实现对传统产业的数字化改造,同时,数字技术还能大幅降低信息获取成本,加强企业之间的联系,促进生产分工协作,从而提高资源配置效率;③数字基础设施为数字经济发展奠定了物质基础,能够促进数字经济与实体经济相融合,推动信息技术革命进程,从而对经济增长产生积极影响。

随着数字经济不断发展,其内涵和范围也日益丰富,但目前尚未形成一个统一定义。本书参考中国信通院的研究,对数字经济做出如下定义:数字经济是一种新经济形态,以数字化的知识和信息作为核心投入要素,以各类新兴数字信息技术作为重要推动力,以现代数字信息网络作为主要通道,将数字信息技术融入传统经济,不断提升各类经济主体的数字化水平,最终实现经济的稳定增长。

2.经济增长

经济增长一般是指一个国家或地区在一定时期内总产值或人均产值的持续增加[①]。国内生产总值(GDP)增长率是用来衡量经济增长情况的一个重要指标,而国内生产总值指的是,在一定时期内,一国或一个地区所生产或提供的最终产品和服务的市场价值总和。常见的

[①]韩亚茹.省域物流与经济增长的互动关系及协调发展研究[D].杭州:浙江工商大学,2021.

经济增长方式可以分为粗放型和集约型两种,粗放型经济增长方式是指经济增长主要依靠要素投入量的增加来实现,这种高消耗、低收益的经济增长方式不利于经济的长期持续发展。集约式经济增长方式是指经济增长主要依靠要素生产率的提高来实现,这种低消耗、高收益的经济增长方式有利于实现经济的可持续发展。在数字经济快速发展的时代背景下,抓住数字经济发展机遇,培育新的经济增长点,是转变我国经济发展方式、促进产业结构转型升级,从而提升经济增长质量的必经之路。

3.技术创新

在熊彼特提出创新概念之后,学者们从技术创新、制度创新以及组织创新等多个角度对创新进行了研究,其中,技术创新相关研究最为常见。并且,相关研究从不同角度出发,丰富了技术创新的内涵。J. M.Utterback(1997)认为,技术创新不同于发明,技术创新是一个完整的过程,其包括了解决技术难题、转化技术成果、实现商业价值几个阶段。随着研究不断深入,有学者开始认为技术创新的范围不应只局限于企业内部,1990年,英国学者库克进一步提出了区域创新的概念,他将企业内部创新活动与其外部环境相联系,并指出,技术创新能够在各区域间产生较强的溢出和扩散效应。而后,傅家骥(1998)从企业的角度出发,认为技术创新是企业家为了赚取更多利润,对生产要素和条件进行重组,并对企业生产经营方式进行变革,从而推出新产品、开辟新市场,是一种融合了科技、商业等一系列活动的过程。

本书认为技术创新是新技术或新工艺从设想、设计、推广到最后投入市场的一系列活动,是将经济、技术以及社会等紧密结合的活动。

(二)理论基础

1.技术—经济范式

范式从本质上来看是一种人们普遍认同的理论体系和框架,1962年,美国哲学家库恩首次提出了这一概念。1982年,多西提出了技术范式,并认为它是能够解决技术经济问题的一种模式。随后,弗里曼和佩雷斯在1996年进一步提出了技术经济范式,并用它来描述技术融入经济系统后引起的企业和产业的变化,同时将某种特定的技术进步定义为技术经济模式进步。1992年,弗里曼将技术创新分为增量创新、基本创新、新技术体系变革和技术经济模式变革,用来描述其对经济格局变化所带来的不同程度的影响。并且,前三个阶段反映了从量变到局部质变的过程,而最后一个阶段则表示了全面质变。

数字技术经济范式的诞生得益于数据要素和数字技术的共同作用,它体现了数字技术对经济社会产生的重塑作用。在该范式下,第一,数据要素是一种关键的生产要素,同时被加入生产过程中。第二,数字技术作为经济社会的通用技术,渗透性和网络化特点明显。第三,数字技术经济范式不但能够衍生出新兴产业,即数字化产业,同时还能对传统产业进行数字化改造,实现产业数字化。第四,数字技术具有极强的整合功能,能够为社会经济活动的实现提供动力。因此,数字技术经济范式能够对经济社会进行重塑,推动人类社会实现从工业经济到数字经济的顺利转变。

2.网络效应理论

在信息通信技术产生的背景下,以色列学者罗尔福斯在1974年提出了网络效应理论,他认为,当某个网络中的用户数量越多时,其创造的总价值越大,并且每个用户能够从该网络中获得的效用也就越大。该理论定性描述了网络价值和用户数量之间的正比关系。随后,众多学者应用和发展了网络效应理论,并定量测算了网络效应。在此基础上,美国学者吉尔德提出了梅特卡夫定律,他认为,网络具有较强的正外部性,网络的总价值与该网络中节点数的平方成正比。

数字经济的网络效应主要表现在以下三个方面。第一是信息网络效应。随着数字技术的不断发展,信息的流通和传递速度不断加快,信息和资源的流动性不断增强,同时还能形成规模效应,无论是个体还是企业,都能因为网络参与获取更大的价值,这不但带动了企业的生产经营,还有力推动了经济社会向前发展。第二是技术网络效应。数字技术作为一种通用性技术,能够加深其与不同行业的渗透融合程度,并通过改造传统产业,变革企业生产经营方式,为企业带来更大的经济价值。第三是分工网络效应。数字技术能够突破地域空间限制,加强各国、各地区间的分工合作,促进专业化分工,能够更好地发挥比较优势,提高生产效率。此外,国内外部分学者还利用实证研究的方法,验证了数字技术的网络效应,他们的研究表明数字技术对经济社会发展的促进作用能够随着数字技术的提高而不断增强。

3.技术创新理论

1912年,奥地利经济学熊彼特首次提出了创新理论,同时将创新与经济发展相联系,他认为创新是推动经济发展的根本动力。他指出,在原有生产体系中引入新的生产要素和生产条件组合,能够改变原来的生产经营方式,从而为经济增长和发展带来新的动力。同时,熊彼特还将创新与经济发展进程相联系,利用创新理论进一步分析了经济周期的形成过程,他认为,技术创新与经济周期之间存在密切的关系,然而经济增长又和经济周期紧密相关。具体来看,技术创新能够产生较强的溢出和扩散效应,从而带动大批企业进行模仿和学习,由此形成了大规模技术创新,而技术创新活动的增加导致要素需求大量增加,因此经济出现繁荣现象。但是,随着技术创新活动大量增加,技术创新所带来的利润不断下降,经济开始衰退。而第二次创新的出现又会刺激经济,随后出现衰退。技术创新就在这样的循环中推动着经济社会不断向前发展。

随着熊彼特创新理论的提出,西方经济学家主要从两个角度对技术创新理论进行研究。一是从经济学角度出发,把技术创新看成影响经济增长的重要影响因素之一,并将其加入生产函数进行研究,同时强调技术创新是推动经济实现长期持续增长的根本动力。二是重点关注技术创新的具体过程,研究技术扩散和技术创新的范式问题。在研究初期,学者们的视线主要聚焦于企业内部,重点研究企业内部的技术获取过程。随着研究不断发展,学者们开始将视线转移到企业外部,将企业技术创新与其外部环境相联系,将研究范围逐渐拓宽到区域、群体乃至国家层面,同时还充分肯定了信息的交流和共享在技术创新过程中发挥的重要作用。

在数字经济时代背景下,数字技术推动了新一轮技术革命,大规模创新活动兴起,有力推动了经济发展的进程。与此同时,数字信息技术的快速发展,加快了信息的交流和共享,有利于技术创新溢出,从而促进技术创新。

4.经济增长理论

关于经济增长的影响因素,国内外学者进行了众多研究,也得到了不同结论。经济增长理论也经历了古典、新古典和新增长三个主要阶段。

(1)古典经济增长理论

古典经济学理论的鼻祖亚当·斯密指出,促进经济增长可以通过增加劳动力投入数量和提高劳动生产率这两种方式来实现。并且,在这两种方式中,提高劳动生产率更加重要。而劳动生产率的提高主要取决于分工程度和资本积累数量,所以,分工协作和资本积累是推动经济增长的基本动因。而李嘉图认为,由于劳动力、资本等生产要素均存在边际收益递减规律,长期的经济增长趋势将在该规律的作用下停止。马尔萨斯则指出,人口增长并不会同时带来产出增长,人口的持续增长反而会阻碍以人均产出表示的经济增长。

从古典经济理论的发展历程可以看出,在有关经济增长的研究中,学者们普遍强调了劳动投入、劳动分工以及资本积累的作用,却忽略了技术进步的作用。因此,学者们往往认为经济不能长期持续增长。

(2)新古典经济增长理论

新古典经济增长理论肯定了技术进步对经济增长的重要作用。熊彼特最早提出了创新理论,并将创新与经济发展联系起来,他认为,创新是推动经济发展的重要动力,政府应该大力鼓励企业家进行创新。在凯恩斯有效需求理论的基础上,哈罗德和多马分别独立地建立起了经济增长模型,即哈罗德—多马模型。该模型的核心假设在于劳动和资本不能相互代替,在储蓄率和人口增长率保持不变,且技术进步和资本折旧都不存在的条件下,可以得出,经济增长率与储蓄率呈正相关关系,与资本产出比成反相关关系,然而,该模型的不足之处在于其没有详细论述技术进步的作用。索洛、斯旺等人提出了新古典增长模型,并将技术进步作为外生变量加入其中,他们认为,从长期视角来看,推动经济增长的决定因素,不是资本积累和劳动力投入的增加,而是技术进步,强调了技术进步的重要性。然而,新古典经济增长理论一方面认为技术进步是促进经济增长的决定因素,另一方面又将其视作不可测的外生变量,从而将影响经济增长最重要的因素排除在外,因此不能解释经济增长的真正源泉。

(3)新经济增长理论

新古典经济增长理论虽然已经关注到了技术进步对经济增长的决定性作用,却将其视为外生变量,削弱了其对经济增长的解释力,而新经济增长理论的核心贡献在于将技术进步内生化,以罗默、卢卡斯等人为代表的学者提出了一系列经济增长模型。

罗默将知识作为内生变量加入经济体系中,构建了一个包含外溢性、物质产出收益递减以及新知识产出收益递增的知识溢出模型,他指出,生产要素应当包含资本、非技术劳动、人力资本和新思想四个方面,并且强调新思想才是维持经济增长的关键动力。卢卡斯提出了人力资本溢出模型,他将人力资本当成独立的变量加入经济体系,并结合舒尔茨的人力资本与索洛的技术进步,把人力资本积累当成维持经济长期增长的关键因素,同时将人力资本内生化、具体化,使其成为个人的、专业化的人力资本,并指出,经济增长的真正源泉就是这种专业化的人力资本。

新经济增长理论实现了将技术进步进行内生化,找到了推动经济长期持续增长的根本动力,对经济增长的真正源泉作出了具体解释,同时为本书的研究提供了理论支撑。

二、数字金融对我国经济增长的影响机理

一方面,数字金融能够通过供给推动和需求拉动这两种方式直接促进我国经济增长,另一方面,数字金融还能够通过提升技术创新水平进而对我国经济增长产生间接促进作用。

(一)数字金融对我国经济增长的影响分析

1.降低长期平均成本,实现规模经济效应

从理论上来讲,在工业经济时代,企业若要实现规模经济,可以将其规模调整到长期平均成本最低点。然而,在自身管理能力以及内部交易成本等因素的制约下,企业的长期平均成本不能一直降低,而是表现出先降后升的特征,因此,企业不能无限扩大其规模。而在数字金融时代,数字技术蓬勃发展,其与传统企业的融合程度不断加深,企业数字化、信息化等特征日益明显,其在发展过程中表现出高固定成本和低边际成本的特点。具体来看,高固定成本包含两个部分:一是前期为开发新产品而投入的人力和物力等费用;二是后期为新产品吸引客户而投入的宣传等费用。前者是为引进数字技术而在专业人才和基础设施建设等方面花费的成本,投入后几乎不可能收回,而后者由数字金融特性来决定。数字金融从本质上讲是信息化,而网络是实现信息传递的媒介。而且,网络同时兼具外部性和正反馈性的特点,在网络外部性的作用下,当企业的用户数量超过某个临界阈值之后,就会触发正反馈效应,更多用户将会加入其中,网络价值将呈现爆发式增长。用户规模的不断扩大和网络价值的快速增长,使得企业的边际成本逐渐下降。因此,在数字金融时代,企业所特有的这一成本特性将驱动其在发展过程中不断扩大其生产规模,进而不断降低其长期平均生产成本,最终实现规模经济效应,并进一步提高企业产量。

2.优化生产资源配置,提高企业生产效率

一方面,在数字金融时代,数据作为生产要素进入生产过程,打破了各产业原有的资源配置状态,改变了各生产要素之间进行联系互动的规则,对原来的生产要素体系进行重构。在传统经济增长理论中,资本(K)和劳动力(L)是最主要的两种生产要素。同时,经济学家们普遍认为,经济增长有关研究中所涉及的投资主要指的是固定资产等物质资本投资。但是,物质资本在使用方面存在特殊属性,经济社会当期对某种物质资本的需求,只有通过不断增加投资才能得以满足。同时,生产要素还存在边际产出递减的规律,因此,企业的物质资本规

模不能无限增加,只能在某个水平保持不变。然而,在数字金融时代,数据成为继劳动、资本之后出现的一种新的生产要素,其具有共享性、易复制性和非损耗性等显著特征,同时还具有较低的储存和保管成本,当数据要素总量大幅度增加时,只需要付出极低的边际成本,就能够获得大量的数字资产,并且其边际产出远远高于边际成本,从而表现出边际收益递增的特点。因此,数据作为一种新生产要素,其优势十分明显,得到了部分学者的重视,比如杨汝岱(2018)就认为,资本、劳动等传统生产要素存在稀缺性和排他性等缺点,而数据要素能够有效克服该缺点,不受资源约束的限制,还能够持续推动经济增长,因此,应当将数据加入新经济时代的增长核算框架,而企业能够有效利用这些数据信息从而提高自身生产能力,实现效益最大化。

在有关经济增长问题的相关研究中,学者常常将生产函数假定为规模报酬不变。然而,数字金融的发展使得经济增长的生产函数变得更加不明确。各种各样的数据信息在互联网技术的作用下快速流动,并利用数字信息技术进行筛选、分类、汇总以及分析,从而使得杂乱无章的数据能够真正成为有效投入,也就是说,互联网、大数据等数字技术的使用使得数据信息得到了充分有效的利用,进一步提高了其使用效率。而数据要素通过与劳动、资本等传统生产要素的融合,在数字信息技术的共同作用下,能够对传统生产要素进行数字化改造,使得生产要素之间的匹配更加精准,进而优化生产资源配置,提高企业生产效率。同时,数字技术所具有的网络外部性等特点还会大规模增加消费者数量,进而引发正反馈效应,可能实现产出的螺旋式增长。

另一方面,数字金融时代下的海量信息都被编码成为数据,并通过网络等信息传递载体遍及世界各地,还能够有效缓解数字金融与实体经济融合过程中存在的信息不对称问题,从而优化生产资源配置,提高企业生产效率。从生产者和消费者的角度来看,数字金融能够增加生产者与消费者之间的交流与互动,从而提高供给和需求之间的匹配效率。数字金融时代下,随着数字技术的快速普及和应用,消费者能够通过网络平台了解企业以及其产品,并通过网络平台向企业传递自身需求信息,而生产者也能通过网络等平台快速获取消费者的需求信息,并在其后续发展过程中,让消费者充分参与产品的设计、生产等过程,从而生产者能够更好地按照市场供求规律来配置资源,实现产销模式从传统的"以产定销"向"以销定产"转变,减少由于供需不匹配而造成的资源错配。从生产者与生产者的角度来看,数字金融还能加强生产者之间的联系与互动,提高生产协同效率。在数字技术的支持下,生产者之间能够搭建起数字化协同研发平台,将众多生产者纳入同一系统,能够高效聚集并整合研发资源,实现资源的快速调配,并根据市场变化迅速调整研发策略。而数字通信技术的使用,还能使得各部门之间的沟通交流不断增加,企业的生产和组织效率大幅度提高,其成果转化速度也大幅提升。同时,对于同一生产供应链上不同环节的企业来说,通过数字技术搭建的数字化网络平台能够对企业进行有效匹配,加强各个企业之间的联系和分工合作,最终提高整个生产供应链的效率。

3.扩大投资、消费和出口,增加经济需求

从投资角度来看,数字金融的快速发展使得经济社会亟须实现数字化转型,而这一需求直接推动了数字金融投资的增加。一方面,大数据、人工智能、物联网等技术的出现培育了一批新兴数字产业,其在形成和发展过程中需要耗费大量的物质资本投入,由此形成了数字产业化投资。另一方面,数字技术不断向传统企业渗透,推动传统企业实现了数字化转型,由此带来了产业数字化投资,其具体包括生产、经营和管理三方面的数字化转型投资。数字基础设施是推动数字金融快速发展的物质基础,而大数据、人工智能、工业物联网等新型基础设施的建设需要投入大量的人力和物力,进而能够直接拉动经济增长。而且,新型基础设施建设不但能够直接增加投资需求,还能通过其对经济社会产生的积极影响,间接带动社会资本向新兴产业和新兴技术等领域进行大量投资。从消费角度来看,首先,消费者能够凭借互联网等网络平台获取和掌握更多商品信息,从而降低商品的搜寻和交易成本,并根据获得的信息进行购买决策,同时,信息获取成本降低还能够进一步增加消费者需求。其次,随着网购平台和快递运输业的迅速

发展,数字金融突破了商品和服务的空间限制,使得消费更加简单化、便利化,并且支付方式的逐步非现金化降低了消费者对价格的敏感程度,能够有效刺激消费。最后,数字金融还能够打破地理空间限制,在全国范围内形成统一的、相对较低的价格,提高商品的价格透明度,从而增加消费者剩余,最终拉动消费增长。从出口角度来看,数字金融推动了数字贸易的蓬勃发展,而数字贸易能够有效降低交易成本,提高国际贸易的速度和效率,还能聚集更多的中小微企业参与到贸易全球化过程,从而为我国培育出口新优势。

(二)数字金融对我国经济增长的影响机制

1.数字金融与技术创新

首先,数字金融能够显著降低技术创新成本。数据资源作为数字金融时代下所特有的一种全新的生产要素,能够进入创新主体的技术创新过程,成为技术创新活动的关键要素,从而降低技术创新成本。一方面,相较于劳动、资本等传统生产要素,数据资源具有共享性和再生性等特点,通过数据使用者的学习和知识累积效应,数据要素能够源源不断地产生价值。另一方面,由于数据要素的投入和使用成本很低,在技术创新过程中,数据资源的使用能在一定程度上代替传统物质要素的投入,从而降低技术创新的成本。数据要素的这一独特优势将驱动企业进一步加大技术创新投入,进而提升技术创新水平。

其次,数字技术能够带来新的生产工具,从而提高技术创新效率。从企业内部来看,数字技术是一种通用技术,对企业具有较强的渗透作用,能够充分渗透到企业的研发、生产等一系列过程,并能够与企业的传统技术相融合,对企业进行数字化改造,变革企业生产经营方式。而数字信息技术带来的先进生产管理模式,能够增强企业生产运营的柔性,从而提高企业技术创新效率。而从企业外部来看,互联网等通信技术的应用以及其发展水平的提升,能够消除地理隔阂与信息不对称,企业之间能够进行更加方便快捷的信息交流和技术共享。同时,互联网等信息技术的使用使得企业的信息获取能力大幅提升,从而企业能够精确把握消费者对新产品和新技术的需求,缓解供需双方存在的信息不对称问题,大幅提升新产品和新技术被市场快速接受的概率,降低企业在技术创新过程中可能面临的风险,从而在一定程度上刺激企业不断进行技术创新。

最后,数字产业的形成与发展不但为技术创新提供了良好的环境,还能够促进技术创新成果的扩散和转化。以数字产业为核心能够吸引相关企业在特定区域内集聚形成产业集群,在其发展过程中,一方面,它们之间存在竞争效应,能够刺激企业加大技术创新投入,促进企业创新;另一方面,它们之间存在学习效应,通过模仿和学习先进企业,形成良好的技术创新氛围,驱动企业不断增加创新投入。各关联企业之间还能够共享信息与资源,实现广泛的跨区域合作,在网络平台的作用下,企业之间的交流合作更加方便、高效,有利于联合开展技术创新活动。由于知识和技术都具备极强的外溢效应,数字技术的不断发展,在很大程度上加速了知识和技术的释放,众多企业都能及时获取、学习和吸收相关企业的先进技术,促进了技术创新的溢出和扩散,并进一步提升企业的技术创新水平。

2.技术创新与经济增长

从企业层面来看,技术创新能够提高企业经济效益。首先,对企业来说,其目标是实现商品市场化,而技术创新先行企业能够大幅度缩短其产品生命周期,加快技术成果的转化,从而抢先一步在市场竞争中占据领先地位,获得竞争优势,而企业能够凭借该优势获得大量经济利益。其次,技术创新能够通过节约要素投入、优化要素组合、采用新资源代替旧资源以降低资源稀缺性等方式降低企业生产成本,为企业创造更多的利润。最后,技术创新能够对企业的生产经营方式进行改造和优化,使得企业的生产和组织效率大幅度提升,最终提高企业经济效益。

从产业层面来看,技术创新能够推动产业结构转型升级。首先,技术创新能够通过改造传统产业、淘汰落后产业、激励新产业等方式实现产业结构的转型升级。技术创新带来了新技术,通过对企业的生产环节进行改造实现生产效率的提高。然而各产业之间的技术发展水平参差不齐,随着经济不断发展,各产业间的生产率将会出现较大差距。随着产业间生产率差距的逐步扩大,落后产业将被市场淘汰。技术进步优化了资源配置方式,新生产方式出现,同时淘汰了旧生产方式,从而衍生出了大批新兴产业部门。而技术创新带来的技术革命会在产业间扩散,因此,某个行业的技术创新在提高自身生产率的同时,还能提高其他行业的劳动生产率,同时高新技术还能通过不断向传统部门渗透,对传统产业进行内部改造。其次,技术创新还能够改变生产要素的相对收益,进而推动产业结构向高级化发展。经济学家希克斯认为,在技术创新的作用下,生产要素的边际收益率发生改变,要素之间的收益平衡被打破,刺激了生产要素之间的相互替代,生产要素在产业间的流动加快,最终推动产业结构不断向前发展。

从宏观层面来看,技术创新能够推动经济持续增长。从经济社会发展过程来看,技术创新与经济周期密不可分,技术革命的出现推动着经济社会不断向前发展。在技术创新初始阶段,技术创新先行企业能够获得竞争优势,迅速占领市场,聚集更多的经济效益。由于技术创新具有扩散效应和溢出效应,后发企业能够通过模仿和学习引发大规模创新活动,从而推动全社会的经济增长。然而,技术创新所带来的利润并不会无限增加,当技术创新趋于成熟,其产生的利润将会大幅减少,导致经济开始衰退。而下一次创新的出现又将再次使得经济经历从蓬勃发展到逐渐衰退的过程。技术创新对经济周期的这种正向推动作用,使得经济能够实现长期持续增长,推动经济社会向更高阶段发展与演进。

综合以上分析,数字金融不但能够直接促进我国经济增长,还能通过提升技术创新水平对我国经济增长产生间接促进作用。

(三)数字金融影响我国经济增长的地区异质性分析

数字金融发展虽然为我国经济增长带来了新的机遇,能够有效推动我国经济发展,但是其对我国各个地区经济增长的影响却不尽相同。由于要素资源禀赋和经济政策等因素的影响,数字鸿沟在我国地区间普遍存在。除了在数字基础设施建设方面存在失衡现象外,各地区对于数字信息技术的利用程度也存在较大差距,这就导致欠发达地区未能充分享受到数字金融带来的数字红利,可能拉大与发达地区之间的差距。然而,数字基础设施建设需要耗费大量的资本和劳动力,对于发达地区来说,它们资金储备丰富,能够有效支撑当地数字基础设施建设,而欠发达地区则缺乏相应的物质条件。同时,数字金融的发展还需要充足的数字化专业人才储备作为支撑,发达地区能够为人才提供更好的福利待遇和更大的发展空间,能够吸引更多的数字人才。所以,欠发达地区可能陷入"经济发展落后—数字金融发展滞后—经济增速落后"的恶性循环。此外,数字金融还能够帮助企业获得更大的发展空间,可以使企业通过先占优势和规模效应形成垄断,从而企业能够获得极大的市场竞争优势。同时,数字金融还具有自我膨胀的特点,在相对优势形成之后,能够进行自我强化,最终形成强者更强的马太效应。因此,数字金融领先地区能够从数字金融发展过程中获得更多收益,从而与落后地区的差距逐渐拉大。

三、具体测算及结果分析

在2002—2020年期间,我国数字经济总体规模呈现逐年上升的趋势。分时间段来看,2008年以前,数字经济规模增速较为平稳,但是从2008年开始,数字经济规模开始快速增长,其主要原因在于,2008年以后,计算机和互联网快速发展并迅速普及,不但进入到社会生产过程,还充分渗透到人民群众的日常生活,由此实现了数字经济的飞速发展。同时,数字经济在GDP中所占的比重也逐年上升,截至2020年,该比重已经达到38.6%。由此可以看出,数字经济已经成为推动我国经济增长的重要动力。

根据中国信通院对我国数字经济的测算结果,从数字经济规模来看,2019年我国共有12个省市超过1万亿元,其主要包括广东、江苏、山东、浙江等。从数字经济占GDP的比重来看,北京、上海全国领先,其值均超过50%。另外,从数字经济增速来看,贵州、福建均超过20%,位居全国前列。从2019年我国各省市数字经济发展指数值可以看出,2019年,我国数字经济发展指数排名最高的是广东省,该值已经超过了65,并且比排名第二的北京高13。而数字经济发展指数排名靠后的地区则是新疆、西藏等较为偏远的地区。在数字经济指数排名前10的省份中，第1至7名均为东部地区省份，第9至10名为中部地区省份，而西部仅有四川1个省份入围。而在排名后10位的省份中，东部地区仅有1个省份，中部地区仅有2个省份，而西部地区占7个(其中，6个省份分别排名末尾)。同时，在排名前10的省份中，长三角、珠三角包含的城市所在省份有4个，其分别是广东、江苏、上海、浙江，这主要是因为长三角、珠三角地区经济发展水平高，数字基础设施建设较为完备，极大推动了该地区数字经济的发展，而在新疆、西藏等偏远地区，经济发展水平落后，技术水平也相对落后，同时还缺乏相应的资本和人才保障，因此，该地区数字经济发展受到极大制约。综合以上分析，我国数字经济发展指数从整体上来看呈现出东部>中部>西部的现状。

(一)测算原则

第一，科学性。根据对数字经济定义的广泛研究，深入理解相关定义，依据全面的定义理解，筛选测算目标，注意同时考虑目标变量的自身性质，这是挑选契合测算模型的重要因素，依据以上流程确定的对象、方法，才能兼顾科学性，分析结果才会可靠、准确。

第二，系统性。从数字经济的宏观整体进行把握，汇总相关概念、计算手段，体现出产业生产活动中相关资源的整合、协调分配，所以信息经济的整体生产计划全部纳入整体层面进行计算，这样就不可能出现反复测算或遗失某个指标等现象。

第三，实用性。吸收目前学者广泛使用计算模型，并在此基础上纳入新方法，考虑角度更为全面，计算所包含的数据信息也更加全面，计算结果将会更加直接、准确，所以适用各个地区数字经济的计算，可操作性较好。

第四，数据可得性。本书使用的原始指标都是国家政府部门、中国互联网络信息中心等权威部门公布的数据，所以数据的溯源可以查证，便于获取，因此可得性当然较为良好。

第五，市场性。数字经济相关产业离不开市场，所以兼顾市场的需求发展性，以此凸显出其贴近市场的优越性质，表现出数字经济得到相关资源,获得发展的平台体现在市场上。

(二)指标体系构建

目前,学术界关于数字经济发展水平指数的研究角度各不相同,大多都是从数字经济基础设施、数字应用、数字产业以及数字治理等角度进行构建,还有学者将数字经济的多个特征加入模型中进行研究,部分学者直接使用数字普惠金融指数进行研究。而在现有研究中,大多都是从省级层面对数字经济发展水平指数进行构建。仅有少数学者从城市层面构建了数字经济发展水平指数,如赵涛等(2020)从互联网发展和数字金融普惠两个维度选取了5个指标构建了数字经济发展指数,并利用主成分分析法对222个城市的数字经济发展水平进行了测算。本书借鉴赵涛等(2020)的研究思路,考虑城市数据的可获取性,选取互联网普及率、互联网相关从业人员、互联网相关产出、移动电话普及率、数字普惠金融发展水平5个指标构建数字经济发展水平指标体系,并利用熵权法对2011—2019年我国285个城市的数字经济发展水平进行测算。

上述指标中,数字普惠金融指数来自北京大学数字金融研究中心,其余数据主要来源于《中国城市统计年鉴》以及各城市国民经济和社会发展统计公报,缺失数据利用插值法补齐。由于中国数字普惠金融指数从2011年开始编制,因此,本书选取2011—2019年数字经济发展的相关指标数据,对我国285个地级市的数字经济发展水平进行测度。

(三)指标权重确定

本书选用熵值法对各指标进行赋权,其原因在于,熵值法能够克服主观因素的影响,根据各个指标呈现的信息确定其权重。而且,与主成分分析法相比,熵值法能够保留完整信息。其具体步骤如下:选用2011—2019年全国285个地级市的数据进行研究和分析,其中X_{ij}代表第i个城市第j项指标的数值。(其中i=1,2,3…285;j=1,2,3…5);标准化处理是为了降低各指标之间因单位和量纲不同对结果造成的影响;为了使得数据的运算处理有意义,且能够保持数据之间的内在规律,需要对数据进行整体平移;计算第j个指标下,第i个评价对象的特征比重 Pij；计算第 j 项指标的熵值 ej；确定各指标的熵权 ω_{ij}；测算各城市的数字经济发展水平。通过上述步骤，测得的数字经济发展水平各指标权重如表 4-1 所示。

表 4-1 数字经济发展水平指标体系权重

指标	一级指标	二级指标	单位	权重
数字经济发展水平	互联网普及率	每百人互联网用户数	户	0.1989
	互联网行业从业人员	计算机和软件从业人员占比	无	0.2524
	互联网相关产出	人均电信业务总量	元/人	0.3432
	移动电话普及率	每百人移动电话用户数	户	0.0809
	数字普惠金融	中国数字普惠金融指数	无	0.1246

(四)数字经济发展水平测算结果分析

在构建城市数字经济发展水平指标体系的基础上，利用熵权法对选择的各个指标进行赋权，从而计算出 2011—2019 年全国 285 个城市的数字经济发展水平，具体测算结果分析如下。

1.数字经济发展水平分布特征

第一，在 2011—2019 年期间，我国城市数字经济快速发展，样本均值从 0.089 上升到 0.227，增长了 155.1%；第二，在该时期内，样本城市数字经济发展水平的标准差不断扩大，从 2011 年的 0.039 逐年上升到 2019 年的 0.075，增加了 92.3%，这一变化说明各城市之间的数字经济发展水平呈现逐渐差异化的特征；第三，各城市数字经济发展水平的极差从 2011 年的 0.284 上升到 2019 年的 0.579，而 25% 分位数和 75% 分位数的差值则从 0.04 上升到 0.063，这表明各城市之间数字经济发展水平差距逐渐扩大。

数字经济发展水平排名前 30 的城市主要集中在东部地区，具体来看，东部地区有 21 个城市，中部地区有 4 个城市，西部地区有 5 个城市。但是，在所选样本中，东、中、西三个区域的城市个数并不相同，无法根据数量进行直接比较。因此，用城市占比来代替数量。在排名前 30 的城市中，东部入选城市占东部城市总数的 21%，该比重在中部地区为 4%，在西部地区为 5.9%。就数字经济发展水平排名前 30 的情况来看,数字经济发展情况最好的是东部地区,而中部地区和西部地区相差较小,与东部地区相比还存在较大差距。

从各城市发展的具体情况来看,数字经济发展水平排名前30的城市主要集中在长三角和珠三角地区、北京市以及各省份的省会城市。具体来看,在排名前30位的城市中,长三角地区所占数量最多,分别是南京、杭州、上海、舟山、苏州、无锡、宁波、金华,而珠三角地区数量次之,包含了深圳、珠海、广州、佛山、肇庆、中山6个城市,除此之外,另有西安、福州、济南、成都、呼和浩特、海口、武汉、郑州、太原、哈尔滨、乌鲁木齐等11个省会城市以及北京、上海2个直辖市。出现该地理分布情况的主要原因在于,长三角和珠三角地区、北京市以及各省份的省会城市经济发展水平较高,有雄厚的资本存量和丰富的数字化专业人才储备,其传统和新型数字基础设施建设均较为完备,创新能力较强,从而极大推动了该地区数字经济的发展。此外,在2011—2019年期间,北京、深圳、珠海三个城市的数字经济发展水平包揽前三。其主要原因在于,北京作为政治、经济和文化中心,其本身具有丰富的资本和人才储备,加上其较强的吸引力,还能够聚集更多的资本和人才流入,能够为当地数字经济发展营造良好的环境。而深圳和珠海作为经济特区,经过多年的发展和积累,数字基础设施建设完备,也累积了大量资金和人才,为当地数字经济的发展创造了良好的条件。

在排名后30位的城市中,大部分位于中部和西部地区,具体来看,中部地区有15个城市,西部有地区13个城市,而东部地区仅有2个城市,中西部城市之和占到了后30名城市总和的93.3%。而且在排名末10位的城市中,西部城市占6个,排名后5位的城市中,有4个属于西部地区,说明西部地区数字经济发展水平在三大区域中排名最后。从城市具体情况来看,排名后10位的城市主要集中在河南、云南和甘肃三个省份,且甘肃省的定西和陇南两个城市排名均在末尾,出现该情况的主要原因是因为西部地区大多地处偏远,经济发展水平落后,资金和人才保障不充足,数字基础设施较为落后,创新能力较弱,制约了该地区数字经济的发展。从单个城市来看,在2011年,数字经济发展水平最低的是陇南市,其数字经济发展水平仅为0.020,直到2019年,陇南市数字经济发展水平仍旧最低,其值仅为0.094。这主要是因为陇南市经济发展落后,互联网通信等数字基础设施薄弱,从而导致其数字经济发展水平较低。

2.数字经济发展水平区域分析

(1)按城市所在区域分组分析

从2011—2019年全国以及分区域数字经济发展水平测算结果可以看出,在2011—2019年间,全国整体、东部以及中西部地区数字经济发展水平均呈现逐年上升的趋势,这主要归功于国家对数字经济建设的重视,重点支持数字经济发展,从而为我国数字经济的快速发展提供了良好的环境。分区域来看,我国东部地区数字经济发展水平不仅高于中西部地区,还高于全国平均水平,这表明,我国数字经济发展存在显著的区域不平衡特征。同时,中西部地区与东部地区数字经济发展水平呈现出逐年扩大的趋势,其差距已经从2011年的0.031上升到2019年的0.047。其原因可能在于,东部地区地理位置相对优越,数字基础设施建设相对完善,经济发展水平较高,吸引了更多的数字化专业人才,这些都为当地数字经济的发展创造了良好的条件。而中西部地区资源禀赋相对较差,环境条件较差,基础设施建设落后,经济发展水平低下,因此,该地区数字经济发展受到较大的限制。从增速来看,在2011—2019年期间,中西部地区增速不仅快于东部地区,还快于全国平均水平。一方面可能是因为中西部地区数字经济发展水平基数较小,另一方面可能是得益于以贵州、湖北、广西等为代表的中西部地区数字经济快速发展,比如,近几年贵州快速推进大数据综合实验区建设,大力发展大数据产业。这些地区结合国家政策部署,充分发挥自身产业优势,有力推动了当地数字经济的发展。

(2)按城市经济发展水平分组分析

由于我国区域间在地理位置、资源禀赋以及制度环境等方面都存在较大差距,因此各地区经济发展水平差异较大,其数字经济发展水平也不尽相同。在此,本书按照各城市的经济发展水平进行分组分析。根据有关研究,将2013年实际GDP高于全国平均水平的定义为发达城市,否则为欠发达城市。按照这样的划分标准,本书将全国285个城市划分为发达城市(76个)和欠发达城市(209个)两个组别,然后对两个组别的数字经济发展水平进行比较与分析。

按经济发展水平分组的测算结果可以看出,在2011—2019年间,全国、发达城市和欠发达城市的数字经济发展水平均逐年上升。具体来看,发达城市的数字经济发展水平不但高于欠发达城市,还高于全国平均水平。同时,发达城市与欠发达城市的数字经济发展水平差距逐渐拉大,从2011年的0.041上升到2019年的0.069。究其原因,经济发展水平高的城市,数字基础设施建设完善,资本和数字技术人才储备丰富,为该地区数字经济发展创造了良好的条件。而经济发展水平落后的城市,资金储备不足,数字基础设施建设落后,数字化专业人才较少,对当地发展数字经济产生了较大的限制和阻碍。从增速来看,欠发达城市高于发达城市,一方面可能是因为其本身数字经济发展水平较低,而另一方面是得益于国家大力发展数字经济的政策红利,如支持数字经济国家试验区建设、加快数字经济示范区先进经验向其他地区推广等。因此,国家应当重视并加强对中西部地区以及经济发展水平较为落后地区的数字基础设施建设,欠发达地区也应当借鉴发达地区的先进经验,立足自身优势促进当地数字经济发展,尽可能减少数字鸿沟带来的影响。

第二节　产业转型发展水平测算

一、相关概念与理论基础

(一)产业转型发展

其一般表示每个产业的组成、占比、相关关系,指生产单位借助于技术领先,生产活动效率得以快速提升,实现市场占领地位,从而有能力实现生产各个环节的升级,进而实现产业转型发展。不同的生产部门在生产效率等方面表现出很大的差异,出现这一现象的原因可能是各个因素的影响造成的。

转型发展的概念本身就较为宽泛,涉及经济社会的方方面面,比如支出、收入、生活、经济等等结构类型的转变,产业转型发展涵盖的范围也较为广泛,比如不同产业之间的等级跃迁、变化,经济发展的模式有所转变,从低端型慢慢向高质量发展。转型发展有内外两个层面,外层面主要指产业间的升级,坦白点说就是低等级向高等级的发展,目前我国的产业结构仍然还是以第一、二产业为主,第三产业的比例需要进一步扩大。内层面主要指产业内的升级,即生产单位借助于技术领先,提升生产活动的生产效率,得益于此人们对于产品的认可度也会提升,效益增加,有能力实现生产各个环节的升级,有效驱动产业转型发展。

(二)产业融合理论

鉴于考虑问题角度的不同,人们对产业融合内涵的定义也有所不同,下面罗列如下四种。

第一,基于技术融合和数字融合的视角。最开始起源 Rosenberg(1963),是指一种技术向多个产业发展,使得一种高技术存在于多种产业生产活动中,所以不同产业间必定存在相同的部门,出现交叉现象,进而使得边界越发难以识别,慢慢消失,直到完全合为一体。Negrouponte(1978)使用三个交叉的圆来表示三个独立产业的渗透融合,并指出三者互相交叉的部分是生产效率最高,技术革新速度最迅速,经济增长最明显的地方。

第二,从产业组织视角出发。边界越发不清晰,相互融合使各自孤立的产业在竞争中出现协同的现象。马健(2002)认为在当前数字网络技术的迅猛发展状态下,技术领先带来的产业变革,使得产业边界趋向愈发不清晰,慢慢变为一体。

第三,基于产业融合演化过程视角。其必须完整经历多种形式融合等一系列融合过程,逐步达到产业之间的整合、协调发展。而且这一过程中技术的提升和发展的后果是削弱产业壁垒,加速融合的重要条件。

第四,基于产业进化发展的视角。认为产业融合是通过产业借助于技术的不断进化,从而推进产业处于动态等级螺旋跃升阶段,直到不同产业慢慢合为整体为止。卢东斌(2001)提出产业融合是随着技术的不断革新、升级换代,生产活动效率得以呈现明显增长,具有交叉部分的不同产业慢慢融成整体。

综上所述,本书对产业融合进行科学的定义:得益于高技术的不断发展和革新,以及相关部门对部分技术出口管制放开,有利于本国相关产业技术提升,进一步推动产业融合,改变原来产业相关产品需求,进而出现在竞争中协作这一新现象,产业边界越发模糊。

(三)产业演进理论

产业演进是指一系列的过程,包括产业的产生、发展和进化,这个进化过程不仅适用于单个产业,还适用于整个国民经济为背景的总体产业。[1]。1940年,John Bates Clark著作的《经济进步的条件》得出配第一克拉克理论,该理论能够在一定程度上判断产业合理性。后来,西蒙库兹涅茨(Simon Kuznets)、富拉斯蒂埃(Fourastie)和埃-索维(A.Sauvy)等学者分别从各自方向进行实证研究发现该理论确实具有一定的合理性,但研究显示,"配第一克拉克定理"只是反映结构演进的阶段性规律,要受到发展阶段和分工范围的两重约束,因此不能作为结构调整的依据。结构演进的普适性规则是"斯密—李嘉图定理",即如果贸易的交易成本为零,一个国家无论处于哪个发展阶段都应按绝对优势或比较优势参与国际分工。结构演进的调节方式应以市场调节为主,即让市场决定价格、价格引导结构调整,但也应发挥好政府在结构调整中的作用。

二、指标体系的建立

对于产业转型发展指标体系的建立,有的学者使用单一个指标,比如合理化进行衡量,有的学者仅使用高度化进行测算,同时也有部分学者使用两个指标进行综合计算,但是本书除了考虑以上两个层面外,同时参考其他文献增加产业结构升级化与转型化,产业转型发展

---

[1]张明秋.河北省战略性新兴产业发展研究[D].石家庄:河北科技大学,2013.

指标体系如下：产业结构合理化，是所处产业当中持续的改进能够使其自身内部获得良好融合的一种情况；产业结构高度化，指在数字经济推动下，结构愈发趋于服务化，组织内部的生产要素处于合理的动态调整之中；产业结构升级化，其实质是产业结构等级跃迁的进程，不断向高等级进化发展；产业结构转型化，其本质是产业结构不同状态规律性转移变化的进程。

三、具体测算及结果分析

利用上述指标进行水平测算，这里考虑到指标较少，只有四个，所以鉴于计算的直接性和简洁性，而并未使用主成分分析方法，所以我们采用熵值法，该方法避免了主观性，测算结果较为准确，首先将以上四个指标每一年计算的具体数值记为 induij=（j=1，2，3，4）。

考虑到数据的可得性，沿用大部分学者的观点考虑产业结构转型升级综合水平，用熵值法计算产业转型发展水平。从全国范围看，产业结构转型升级综合水平虽然在2007—2008年、2009—2010年出现下降，但总体上仍呈现上升态势，无论是东中西部都是如此。在2007年东、中、西部的平均值分别为124.67、111.04、112.65，在2017年的平均值分别提高为143.35、122.22、119.32，总体发展态势与数字经济综合发展水平类似。

第三节　产业转型发展与演变

一、产业演化理论

散见于各种理论的经济演化思想被运用到产业发展的相关研究中，便形成了产业演化理论。这些理论从各个不同的角度阐述了产业演化的原因和动力：熊彼特理论指出创新是产业发展的根源，企业和产业的创新推动了产业的结构转变和企业的动态竞争过程；马歇尔认识到了企业的多样性和异质性，并试图将其纳入产业发展的分析中；演化经济学中的产业演化研究围绕对正统经济学有关企业理论的批判而来，认为不完全信息决定了企业只能争取令人满意的利润而非最大化利润;组织生态学借鉴了生物进化理论中的自然选择观点,分析社群和种群的生存和适应问题。

(一)熊彼特的创新与产业演化

熊彼特对经济演化思想的重要贡献不仅在于对创新的透彻分析,更重要的是将产业的演化问题纳入了经济演化的研究中,并着重阐述了创新与产业演化的相互关系。熊彼特认为,创新与产业演化是相互作用、互为反馈的。产业环境影响创新的形成,创新的产生和扩散促进产业的演化。

创新与产业演化之间的互动反馈关系若干年后才重新被经济学研究人员重视起来。这些研究继承了熊彼特思想的精髓,重点强调创新在产业演化中的核心作用。同时采用动态的视角和方法分析经济过程。部分研究将历史学派的观点纳入分析当中,通过对不同产业技术和地区的产业演化数据进行比较分析,认为在不同的产业和地区之间,创新与产业演化的相互作用并非完全一致,而是普遍存在差异的。技术因素、社会文化因素和区域因素将对其产生不同的影响。许多研究从不同的角度对创新的产生和扩散的影响进行了分析,如企业异质性程度被重点强调;提出公共的知识平台、军队、金融组织以及其他公共组织等对于高新技术的创新和扩散起到的重要作用;重视制度环境对企业创新活动的决定作用,等等。

另有部分研究从创新和产业动态发展之间关系的角度对熊彼特的观点进行了深化。许多研究将企业进入、创新与成长的关系、企业规模分布的稳定性程度、企业绩效差异化的持续性程度等作为产业演化的因素表征,并强调产业集中度、企业年龄分布和创新特征在不同的产业中存在显著的差异。技术变革与产业动态发展的互动关系从创新理论发展的开端就引起了人们的重视。在随后的理论发展中,实证数据支持了这样的结论:技术变革影响产业动态,而产业动态又会影响技术变革的速度和方向。二者之间的影响关系是具有时滞性的,同时会对经济系统的结构产生巨大影响。技术变革对产业演化的影响既有水平的也有垂直的。对竞争者来说,水平影响即技术变革带来的竞争优势的变化更为重要;垂直影响则主要指技术变革对客户和供应商带来的直接和间接的影响。产业演化的具体特征也被总结成为:产业演化具有特定的知识背景和制度环境,是企业与个体学习过程的结果,也是具有异质性的行动者在网络中通过互动生成的,在这一过程中将产生技术创新(产品和生产工艺)和制度演进(行动者、关系、制度和知识)。

从熊彼特的开创性研究以及随后进行的带有实证数据支持的深入研究中,可以看出创新与产业演化的多维度联系。创新促使产业特征不断的演化,这其中包括知识、学习、行动者的特征和能力、产品类型和制度等。同时,产业内市场结构以及个体之间的互动网络等也会发生演化,而这些关系网络将会影响创新和产业绩效。

(二)马歇尔的产业演化研究

马歇尔始终认为经济学发展的方向和"麦加"应该是经济生物学。为当时的条件所限,为推动经济学的迅速发展,马歇尔在研究中引入了物理学的机械类比——"均衡"。然而自始至终,马歇尔都认为并指出,产业的均衡仅仅是产业发展过程中的一个环节,对产业发展的完整分析应该包括产业的创生、选择、均衡和失衡等过程。更为重要的是,马歇尔提到了产业发展的生命周期过程。

马歇尔的产业演化研究的基石在于对企业组织多样性和异质性的重视。尽管马歇尔是新古典经济学的开创者,但是他始终没有放弃对经济生物学的向往和斯密理论的尊重。斯密理论对劳动分工与组织异质性曾有过精彩论述,马歇尔显然注意到了这一点。马歇尔认为产业发展的动力在于报酬递增倾向与递减倾向的相互作用,报酬递增的来源是组织的演进,而组织的改进也提高了劳动和资本的使用率。后来被广泛应用的内部和外部经济性在马歇尔的理论中是这样被规定的:内部经济性来源于产业内部的个别企业的资源及其经营管理效率,而外部经济性则主要是指产业间或产业总体发展带来的效率。同时指出,产业的发展主要依赖于内外部经济性的共同作用,这种洞见实际上可以理解为,产业的演化是产业所处环境和产业内部个体演化共同作用的结果。此时马歇尔对产业发展的推断虽然稍显粗糙,但却道出了产业动态发展的本质。

代表性企业是新古典经济学最重要的概念之一,然而其缔造者马歇尔的本意却并非抹杀企业组织的多样性和异质性。相反,马歇尔对企业组织的异质性是极为重视的。马歇尔认为由于偶然或人为因素,任何产业内部都会存在一些好企业和差企业。为了更好地解释产业层面的供给均衡与企业层面的非均衡问题,马歇尔创造了代表性企业的概念。代表性企业能够获得一定总量的内部经济性与外部经济性,具有固定规模和正常利润。代表性企业的概念仅仅作为一种研究方法的过渡,却被后来者当作核心观点而一再引申和深化。在这样的背景下,马歇尔研究中所具有的演化思想完全被忽略了。

(三)演化经济学的产业演化研究

演化经济学主要围绕对正统经济学企业理论相关内容的批判发展而来[1]。完全理性观点是演化经济学首先推翻的假设。西蒙对有限理性概念的论述影响了演化经济学者,这一概念也成为演化经济学理论的基础。任何个体和组织都不可能做到对如此复杂而又处于不断变化中的世界的所有可能性的完全认知,哈耶克的进化理性主义也认为社会的发展必须为人类的无知留有空间。基于这种认识,就不难得出完全理性与完备信息是不可得的结论。即使为了研究之便,这种假设也是错误的,将会导致与现实大相径庭的结论。而利润最大化原则也更加虚无缥缈,一方面,有限理性和有限信息使得企业组织无法确定最大化利润的具体数据;另一面,如果企业组织现存战略尚能满足对适度利润目标的追求,企业通常将不会选择进行改变。

演化经济学将生物学隐喻纳入其理论体系中,将生物学研究中的基因复制和遗传机制转化为差异、选择和复制三大机制,认为其决定了经济演化的进程。差异指企业组织在结构及战略上的不同。演化经济学者提出企业组织的差异性主要来源于内在的知识基础。企业组织的知识一般来说包括两个方面:一个是通用知识,另一个是专用

---

[1]孙晓华.技术创新与产业演化 理论及实证[M].北京:中国人民大学出版社,2012.

知识。通用知识通过一般性的书本学习或行业沟通等渠道即可获得；而专用知识则是不能以成文的规范形式加以传授，甚至只可意会不可言传的知识。专用知识由于主要来源于企业组织成长过程中的经验教训等，是企业组织独有的，而成为企业组织异质性的来源。这种异质性是企业组织相对稳定的特征，这也是企业组织与环境相互作用的选择机制顺利运行的基础。

选择即为生物学中的自然选择，也就是环境对个体优胜劣汰的选择作用。进化生物学认为，物种与其生存环境相适应是达成生存目标的前提条件。演化经济学者认为作为经济演进个体的企业组织同样适用这个结论。选择机制在组织演进中是基于企业的营利能力发生的：能够实现利润者生存下来，而遭遇亏损者逐渐消失掉了。企业组织对环境的适应过程可以被划分为主动适应与被动适应。主动适应是通过主动学习和创新在组织演进中引入正反馈机制，带来短期内激进式组织形态变化；被动适应强调环境中惰性因素的制约，通过特定的负反馈机制决定系统的稳定性和渐进式变革。选择机制的基础是企业组织的多样性和差异性。资源与核心能力较强能够跟上环境变化的企业得以成长，而对环境变化适应能力较低的企业组织则将被淘汰。

复制的概念则来源于进化生物学中的基因传承。演化经济学者将基因的概念引入经济演化研究，而企业的"基因"就是组织惯例。由于企业组织的行为大多数是可预测和重复的，这种行为模式也就是惯例。组织惯例决定企业的行为，同时也具有可遗传性。企业组织通过对成功惯例的复制得以延续，在许多情况下极大地缩短了企业组织适应环境的时间。然而也有部分学者认为，惯例的存在将使得企业组织适应环境的过程经常受到限制，甚至造成适应成为不可能，陷入"适应陷阱"。

如果对产业演化的机制进行总结，就会发现这样的联系：企业组织的差异性来源于不同的组织惯例，环境将选择能够适应的企业组织生存下来，而这些企业组织的惯例也因此而被保留下来，也就是被复制。那么到此为止，这仍旧是一个静态的被选择过程。然而，企业组织是存在改变现状从而获得持续生存的动机和可能的。由此,引入拉马克主义的变异产生机制,即只要环境压力足够大,企业就会主动介入一个搜寻过程,寻找能增加自身同环境适应程度的渠道。不能获得满意利润率的企业会比利润率高于平均水平的企业更有搜寻的动力。而只有当选择的结果被环境肯定而获得合法性后,才能够形成新的惯例,从而引入反馈效应的影响。演化经济学者认识到,环境将对企业组织的行为表现体现出某种反应机制,企业将因此而获得未来变化方向的某种信号。企业组织的演变过程呈现出马尔科夫链的形式,即系统在其发展过程的每一时期的状态中都蕴涵着后一阶段状态的种子。由于有限理性和惯例的存在,企业组织的搜寻活动通常只涉及与原来领域相关的范围并在一定程度上依赖于惯例,这一特征也被定义为临近搜寻。这个结论涉及企业组织的文化环境,当企业组织的环境和惯例是倾向于变革的,企业将更容易趋向于变革,对环境变迁的适应程度和速度可能更高。

(四)组织生态学的产业演化研究

出现于20世纪70年代中期的组织生态学的理论基础是社会学原理和生物进化论。组织生态学主要强调企业组织面对不确定的环境变化时的灵活性与适应性。如果说演化经济学是作为主流经济学的另一种选择而生,组织生态学则可被视为是对同一时期其他相关组织理论的对应,如组织行为学与战略管理理论。

组织生态学者对演化经济学中提出的组织差异性与组织惯例的关系持有不同看法。这也与早期的组织理论如组织行为学及战略管理理论方面的文献将社会经济组织视为快速而敏捷的环境适应者的观点大相径庭。组织生态学者提出,大多数的组织差异性是在新组织类型产生与旧组织形式消亡的长期过程形成的,而仅有极少部分的差异性是受到当期的适应性行为的影响。组织生态学者认为,环境对阻止组织获得所需适应性的各种惯例的重要制约力量是更为主要的方面,而早期组织理论对组织内部适应性的关注则是不正确的,至少是流于片面的。他们对企业组织的适应性改变更多地抱持一种悲观的态度,就如达尔文主义者一样,他们认为在一个迅速变换的环境中,企业组织能否以足够迅捷有效的组织形式变化来对付新的环境状况是值得怀疑的。

企业组织对环境的适应过程是缓慢的,这种相对缓慢的适应过程被称为相对惯性。惯性的来源通常包括企业组织内部的因素和环境所带来的压力等。企业组织的有限理性与不完全信息、企业组织成员由于既得利益而对变化的抵制以及变化所需要的资金成本等不利因素,将阻碍变化发生的速度和程度。企业组织所面临的制度环境如法律、文化等也可能妨碍组织的变革进程。

在组织生态学者看来,组织的生存和消亡才应该是组织理论研究的核心议题。组织的创建与解散状况即存活率是需要首先考虑的变量。社会、种群和个体组织这三个层次的社会生态现象,组织生态学将关注的目光投入种群层次。而在经济演化的研究中,种群层次也就是指产业层次。组织生态学认为,种群是指由具有同样的特殊组织形式的个体组成的群体。在种群动态发展的研究中,竞争性与合法性这两个概念位于中心位置。竞争性是指种群间对有限资源的争夺;合法性则描述了社会环境对特定组织形式的接受程度。在一个特定的环境范围内,所能够承载的个体存活的数量存在一个最大值,特定的资源环境中允许生存的个体组织在总数上存在一个极限。

上述理论从不同角度对产业演化的动力和过程进行了研究。尽管这些研究都存在粗糙和片面的问题,如熊彼特理论过于关注技术而忽略了制度的重要作用;马歇尔对产业动态发展的认识较为模糊;演化经济学过于重视群体思维;组织生态学则基本放弃了企业组织的能动作用等,然而仍然对产业演化理论的发展作出了重要贡献。从这些研究中可以得出如下结论:创新是产业演化的重要动力;企业组织的多样性和异质性是产业演化的基础;产业演化的机制包括差异、选择和复制;环境可依其变化的激烈程度划分不同的类型,并对产业的演化形成不同的影响,等等。

二、产业转型发展

(一)产业产值结构发展现状

我国三大产业的增加值占国内生产总值的比重可以反映我国近年来产业结构变动情况。1978年,我国第一、第二、第三产业增加值占比分别为37.7%、47.7%、24.6%,产业结构发展呈现"二一三"的格局;1985年,我国第三产业增加值占国内生产总值比重超过第一产业,产业结构发展格局由"二一三"转向"二三一",第一、第二、第三产业的占比分别为27.9%、42.7%、29.4%;2012年,我国第三产业增加值占国内生产总值比重超过第二产业,产业结构发展格局发生由"二三一"转向"三二一"的历史性转变,第一、第二、第三产业的占比分别为9.1%、45.4%、45.5%。党的十八大以来,我国经济发展进入新常态,经济发展逐渐迈向中高端,第三产业的规模逐渐扩大。具体来看,第一产业增加值占国内生产总值的比重1978—1985年间在30%左右波动,之后总体呈现下降的趋势,2020年第一产业增加值占国内生产总值比重下降到7.7%;第二产业增加值占国内生产总值的比重整体呈现上下波动的状态,1978—2015年该比重一直处于40%~50%之间,2016年—2020年一直位于40%以下,2020年下降至37.8%,相较于1978年,下降了9.9个百分点;而第三产业增加值占国内生产总值的比重在波动中不断上升,由1978年的24.6%上升至2020年的54.5%,期间上升了29.9个百分点。

三大产业的产值变动是产业结构发展状况的根本性反映。由产业演变理论中的知识可知,随着一国第一产业总值比例慢慢缩减,随之而来的是第二、三产业慢慢扩大。由2007—2017年数据可知,第一产业比重一直在缩减,第二产业总体缩减,第三产业整体扩大。综上所述,中国目前的产业结构调整程度已俨然不错,可是和欧美先进地区产业结构还存在一定距离。目前第一、二产业比重还是比较高,不是特别合理,可能的原因是各省资源禀赋、地理位置等存在差异,中西部制造业依然占据地方GDP总量的大头。第三产业发展相对较低,所以运用数字技术为产业赋予新面貌,面向国际、国家、第三方机构等,推动产业整合,实现第三产业的跨越式发展。2013年第三产业占比才首超第二产业,2015年第三产业才超过一半,说明我国产业结构优化之路将继续进行,进程还要加速,政府各部门仍然需要积极制定相关政策,不可盲目懈怠,产业结构调整是持久之战,需要耐心为之,发现之前的政策不足,并吸收先进经验,不断优化政策细节。

(二)不同产业从业人员发展现状

不同产业从业人数结构的波动变化在一定程度上反映着产业转型的变化趋势,所以对不同产业的从业人数进行统计可以从侧面分析我国的产业结构情况。近二十年来,我国经济发展水平不断提高,各个产业总值稳步上升,第三产业生产总值从2001年的45701.2亿元上升至2020年的553976.8亿元。从年均增长率来看,第三产业增加值年均增长率大于第二产业大于第一产业。我国三次产业的就业人数占比的比重从2001年的50%、22.7%、27.3%变为2020年的23.6%、28.7%、47.7%。随着我国农业规模化、机械化水平的提高,我国第一产业的就业人数占比在逐年降低,从2001年到2020年降低了26.4个百分点,第二产业的就业人数占比在波动中上升,第三产业的蓬勃发展带动了第三产业的劳动就业,第三产业人数占比呈现逐年升高的态势。中国的产业层次水平逐渐提高,由第一产业主导趋向于第三产业主导,劳动力也逐渐从农业生产单位逐渐转向以服务业单位。但我国相对发达的产业结构发展仍存在差距,2020年美国第三产业占国内生产总值的比重高达81.5%,日本、德国均超过了70%。

通过分析可知,2007年至2017年全国从业人员按产业分布的具体数据,2007年我国第一产业的人数约为29351万人,2017年约为25017万人,说明整体下降明显,无论是第二、还是第三产业,都比2007年的人数多,一个由18130万人增加到2017年的21675万人,另外一个由2007年的22154万人增加到2017年的30837万人,此外在2013年这一时间节点,第三产业首次超过第一产业,而且后几年拉开的差距越来越大,所以在一定程度上反映该产业后发优势越发明显,并充分显示出第三产业对于员工的吸收能力巨大,潜力无限,有助于降低地区失业率,提升地区经济活力,当然另一方面,从侧面反映我国产业正在悄然转移。

三、产业转型演变

(一)时间演变特征

虽然2009—2010年的产业转型水平有所下降,但是产业转型发展水平整体上呈现上升状态。从2007年的1.1631,到2017年的1.289,增长10.82%,表明我国产业结构有了较为明显的升级。其中北京市从2007—2017年其产业结构水平始终位于全国第一,从2007年的1.8095、2016年的2.0687,增长14.32%,说明北京市的产业结构优化程度相较于其他省市较高,上海从2007年的1.5063到2017年的1.9266,增长27.9%,上海产业结构优化程度仅次于北京,位列全国第二,天津市除了2008年以外,其余年份的产业结构水平大于广东省,排名全国第三,而广东省在2008年超过天津市,可能得益于广东省颁布《2008年产业技术创新能力建设工作意见》,大力推进产业技术升级,产业结构水平上升。而河南省在2007—2009年、2012—2013年的产业结构水平排名最低,2014—2017年,广西壮族自治区的产业结构水平最低。

产业转型水平绝对差异有升有降,注意整体情况还是在逐步提升,2007—2017年间,标准差从开始的0.15到0.21这个阶段,上升了40%,说明我国各地区产业结构水平绝对差异在整体上呈现上升的趋势。最低标准差与最高标准差相差40%,说明绝对差异还是比较明显的。

产业转型水平变异系数在曲折中有所上升,在2007—2017年间,开始的0.128到0.160这一阶段中,虽然增加较为明显,但是2012年只有0.149,反映我国各地区产业结构相对差异经历一定程度的变化,联系实际政策看,我国经济社会正在经历深刻变革,不再以牺牲环境为代价换取发展,所以各地区都在深思熟虑如何高质量有序推进产业转型发展,同时中部地区崛起"十三五"规划、国家西部地区"两基"攻坚计划、西部大开发"十三五"规划为相对落后地区的产业结构转型升级提供政策支持,但由于各地区本身的实际情况存在不同比如地理位置、经济实力、技术创新实力等方面,导致各地区产业结构水平相对差异产生波动。

综合上述分析可以得出,各地的产业转型水平整体上呈现上升趋势,而且存在显著差异性。

(二)空间演变特征

以上产业转型发展水平演变都是从时间序列角度,但是从空间演变角度来分析数字产业转型发展水平也是有必要的,选取2007年、2011年、2016年三个时间点,分析我国各省市的产业转型发展水平的空间演变过程。

2007、2011、2016年产业转型发展水平处于第一集团的始终是北京和上海这些一线城市。整体来看产业结构处于动态积极调整之中,第二集团和第三集团的成员有所增加。但是2016年第五集团的省市相比2011年增加两个,说明我国在推进产业转型发展的过程中由于各地区产业转型的政策不一,省市的产业转型水平处于动态变化之中,产业转型水平的空间演变有升有降。

综上所述,从横向层面比较分析,无论2007年、2011年、2016年其产业转型水平的高水平地区都是北京、上海,中高水平区间也均集中在东部地区,说明数字经济发展和产业结构升级还是以东部作为"火车头"。从纵向层面比较分析可知,从2007、2011、2016年,两者都存在一定的空间等级演变性,并且各个省份均处于动态的积极调整状态,整体呈现等级上升的趋势,虽然存在几个省份在演变过程中有等级下降的现象,但是这是在产业转型发展中不可避免出现的"阵痛现象"。

第五章 数字金融对产业转型发展的影响实证

第一节 PVAR模型构建

一、PVAR模型

Holtz-Eakin(1987)最早利用PVAR模型分析面板数据的内生性变量之间的互动关系。

PVAR模型的优点就在于首先排除时间效应的影响,其次通过"组内均值差分法"消除时间效应,各个内生变量作为其滞后值的函数,给予充分的结构以便获取数据的很多特质,并且对个体效应、异方差的容忍度比较好,兼顾时间序列、截面数据的信息,涵盖的信息将更加全面,从而使得样本量明显增加,另外脉冲响应函数能够准确描述变量间的动态互动关系[①]。将解释变量进行对数化处理,并将数字经济发展水平记为(lnDE),被解释变量做同样的处理,记为(lnINDU),进行GMM估计。

本书的模型n阶PVAR模型如下:

$$Z_i,t = \Gamma_0 + \sum_{j-1}^{n}\Gamma_j Z_{i,t-j} + \mu_i + d_{c,t} + \varepsilon_t$$

其中,Z_i,t:内生变量二维列向量$(\ln DE, \ln NDU)T$;n:PVAR的滞后阶数;i:各个省市;t:各个年份;Γ_j:待估参数矩阵;ε_t:随机干扰项。

二、PVAR模型求解

(一)描述性统计

为了对原始数据有一定的统计层面的整体把握,下面对30个省份2007—2017年的面板数据进行stata16.0计算可知,数字经济水平的均值为21.33,最大值与最小值相差较大,所以我们能够知晓数字经济的水平在动态变化之中,而且幅度较大,而产业结构水平均值为121.76,

---

[①]左鹏飞.信息化推动中国产业结构转型升级研究[D].北京:北京邮电大学,2017.

最小值为与最大值为相差不是太多,但是也从一定程度上表现出此水平存在动态调整之中,幅度相对较小。

(二)面板单位根检验

建立面板数据一阶自回归模型,常见的单位根检验方法有LLC单位根检验。

本书借助学者普遍使用的LLC平稳性检验,通过stata16.0进行计算,需要对变量进行一定程度的对数化处理,lnDE,lnINDU都通过平稳性检验,说明PVAR模型满足稳定性条件。

(三)系统GMM估计

综合上述平稳性检验等过程,构建数字经济(InDE)与产业结构转型升级综合水平(lnINDU)面板向量自回归模型,列出对应的PVAR模型数学表达式:

$$y_{it} = \Gamma_1 x_{i,t}^T + \Gamma_2 y_{i,t-1} + u_{it}$$

根据最终的PVAR模型进行GMM估计,需要注意消除模型表达式中的时间虚拟变量及固定效应。这里使用不同的均值差分法以达到不同的效果,处理后的变量与滞后变量正交,另外,由于2007—2017年的时间周期间隔较短,故选择滞后一阶作为数字经济对产业结构升级动态影响的滞后阶数。

以当期的数字经济 h_lnDE 作为被解释变量,在1%的显著性水平下滞后一期的数字经济 h_lnDE_L1 对数字经济 h_lnDE 的冲击为0.8866,表明滞后一期数字经济对自身有显著的正向促进作用,在1%的显著性水平下滞后一期的产业结构转型升级 h_1nIS_L1 对数字经济 h_lnDE 的冲击为−1.0482;以当期的 h_1nIS 作为被解释变量,h_lnDE_L1 对产业转型发展 h_1nIS 的冲击为0.0194且1%水平下显著,在1%的显著性水平下 h_lnDE_L1 对产业结构转型升级 h_1nIS 的冲击为0.6567,表明滞后一期的数字经济 h_lnDE_L1 与产业结构转型升级 h_lnDE_L1 都对 h_lnDE 有显著的正向促进作用。并且值得注意的是,h_1lnDE_L1 对 h_1nIS 的促进系数(0.0194)小于 h_1nIND_L1 对 h_1nIS 的促进系数(0.6567),说明产业结构转型升级受自身的驱动大于数字经济的驱动。

由上可知,产业结构升级的发展得益于数字经济的推动,同时各自的发展离不开自身的驱动。

(四)格兰杰因果检验

对数字经济水平和产业结构水平进行格兰杰因果检验,p值小于5%,说明数字经济和产业结构转型升级之间存在显著的因果关系。同时对格兰杰因果检验与系统GMM的结果进行比较可知,数字经济是产业结构转型升级的格兰杰的因,而产业结构转型升级同时是数字经济的格兰杰的因,即两者之间有互相的预测作用,互动影响作用显著。

(五)分区域系统GMM估计

由于中国各地区的经济实力和所拥有的技术资源存在差异,不同的区域表示不同的区位的发展现状,所以有必要分区域进行系统GMM回归分析区域数字经济对产业升级的动态互动影响的差异性。

数字经济对产业转型发展的促进作用存在区域差异,其中对东部的促进作用不显著,原因可能是该地区经济较为发达,新兴技术普及较快,加速产业数字化,能较快打破传统产业之间的壁垒,从而导致数字经济的水平提高对东部地区产业结构转型水平的边际贡献被弱化;中部的促进作用在1%的显著性水平下为0.0338,得益于中部地区近年来中部各省都大力发展数字经济,优化产业布局,中部地区数字经济和产业融合正处于快速发展阶段,即使数字经济和产业结构水平落后于东部发达地区,但是后发优势明显,存在明显的滞后效应;西部的促进作用不显著,可能由于西部地区由于产业层次低,适应新常态、对接数字经济的速度相对较慢,导致数字经济对产业结构升级的促进作用需要的长期时间才能得以反映。

第二节 脉冲效应

PVAR模型结果分析重点侧重在对一定程度冲击的反应,其中就需要脉冲响应函数这一工具,作用是解析当某个变量收到一定的冲击后表现的对应情况①。运用连玉君编写的pvar2程序包来进行蒙特卡洛统计模拟法（Monte-CarloSimulationforIRF）模拟1000次，生成脉冲响应图。

一、全国的脉冲响应分析

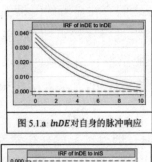

图 5.1.a *lnDE*对自身的脉冲响应

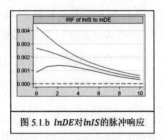

图 5.1.b *lnDE*对*lnIS*的脉冲响应

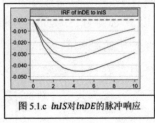

图 5.1.c *lnIS*对*lnDE*的脉冲响应

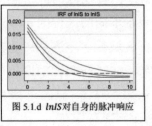

图 5.1.d *lnIS*对自身的脉冲响应

注：每个图5-1-a至5-1-d中的第一根线和第三根线分别表示95%的上限和下限。

由图5-1-a可知，来自数字经济的冲击会对自身产生正向的促进作用，而且作用所持续的时间较长，但响应效果随着时间延长而逐渐衰减，直到最终收敛到一个稳定的正常数，因此可以看出数字经济发展会对自身产生正向促进作用，随着期数的增加，正向作用效果越来越趋于稳定，说明数字经济对自身具有持续显著的动态促进作用，但是值得注意的是，其作用效果逐渐衰减趋于稳定。

由图5-1-b可知，来自数字经济外部单位冲击下，产业结构转型升级响应值迅速增加到峰值。具体来看，随着期数不断增加，响应值最终趋于稳定的正值，说明数字经济的发展对产业结构转型升级的影响越来越稳定，处于积极的响应状态，具有持续显著的动态促进作用。数字经济通过驱动产业转型发展，实现跨界产业融合，成为产业结构

---

①鲁志国，赵培阳.金融效率、产业结构升级与全要素生产率的动态关系及区域差异研究——以广东省为例[J].经济问题探索，2020，41（10）：94-109.

转型升级的主要动因,两者之间互动关系密切。

由图5-1-c可知,来自产业结构升级的最初冲击会对数字经济产生负向冲击效应,随着期数增加,其负向作用效果越来越弱,最终有趋向稳定值的趋势。另外两者的互动关系是长期的,来自产业结构升级的冲击对数字经济的改变不是短暂的,通过产业结构转型升级调整投资结构,向数字经济发出宏观调控信号,对数字经济产生较为深远的影响。

由图5-1-d可知,产业结构转型升级冲击对本身产生正影响,而且影响所持续的时间较长,但影响效果随着期数增加而逐渐衰减,最终收敛到0值附近,说明产业结构转型升级对自身的动态驱动作用,表现出持续性、显著性,但正向影响程度会逐渐衰减。

二、分区域脉冲响应分析

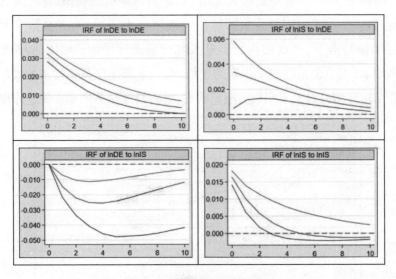

图5-2　东部地区脉冲响应图

注:图5-2中的每个图中的第一根线和第三根线分别表示95%的上限和下限。由图5-2可知,东部地区和全国的脉冲响应类似,重点关注数字经济对产业结构转型升级的脉冲响应图。由图可知,来自数字经济外部单位冲击下,产业结构转型升级响应值迅速增加到峰值。具体来看,随着期数不断增加,响应值最终趋于稳定的正值,说明东部地区数字经济的发展对产业结构转型升级的影响越来越稳定,处于积极的响应状态。

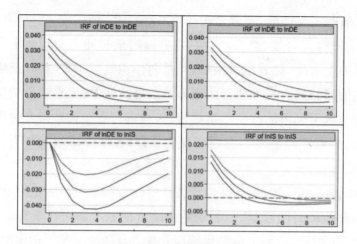

图5-3 中部地区脉冲响应图

注：图5-3中的每个图中的第一根线和第三根线分别表示95%的上限和下限。

由图5-3可知，中部地区和全国、东部的脉冲响应类似，重点关注数字经济对产业结构转型升级的脉冲响应图。由图可知，来自数字经济外部单位冲击下，产业结构转型升级响应值迅速增加到峰值，随着期数不断增加，响应值最终趋于稳定的正值，说明东部地区数字经济的发展对产业结构转型升级处于积极的响应状态，具有持续显著的动态促进作用。

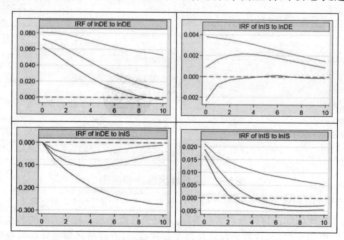

图5-4 西部地区脉冲响应图

注：图5-4中的每个图中的第一根线和第三根线分别表示95%的上限和下限。

由图5-4可知，重点关注数字经济对产业结构转型升级的脉冲响应图。由图可知,来自数字经济外部单位冲击下,产业结构转型升级响应值缓慢增加到峰值,随着期数不断增加,响应值存在趋于稳定趋势,但是不显著。

综上所述,比较全国、东、中、西部的脉冲响应图可知,脉冲响应的结果与以上 GMM 估计的结果类似,虽然各区域数字经济对产业结构存在一定的推动效果,但是从显著性上分析只有中部,此外值得注意的是数字经济水平和产业结构升级水平的发展主要驱动来自自身。数字技术作为一种社会先进技术,其改善产业结构,推动和促进地区经济增长,由于产业关联性较强,产业也会反向影响数字经济的发展。西部碍于营商环境一般、交通设施的不便利,对资本的吸引力较弱,自身数字经济发展遭遇瓶颈,数字经济投入相对较少,数字技术更新较慢,西部可进入性较弱,随之对产业结构升级的促进作用就小,所以区域相关部门应该借助西部大开发战略,大力引进国内外先进数字技术,打造数字经济示范区,产出新技术尽快落地,服务自身发展整合,达到产业结构协调发展的目的,有助于释放西部地区资源禀赋的价值,从而推动区域经济进入快车道。

第三节　方差分解

这里我们进行方差分解主要目的是用来分析数字经济、产业结构升级两者的彼此影响水平和时效[1]。为了更准确地反映出相对方差贡献率的动态变化情况,将期数设为20期,进行方程分解的分析,注意这里仅分析整体情况下的数字经济与产业结构升级之间相互影响的具体结果如表5-1。

---

[1]姬志恒,于伟,张鹏.高技术产业空间集聚、技术创新与区域绿色发展效率——基于
　PVAR模型的经验证据[J].宏观经济研究,2020,42(09):92-102.

表5-1　方差分解表

响应变量	期数	脉冲变量	
		InDE	InIS
lnDE	1	1.000	0.000
lnIS		0.023	0.977
lnDE	2	0.464	0.464
lnIS		0.027	0.027
lnDE	3	0.228	0.228
lnIS		0.032	0.032
lnDE	4	0.138	0.138
lnIS		0.036	0.036
lnDE	5	0.097	0.097
lnIS		0.038	0.038
lnDE	6	0.076	0.076
lnIS		0.039	0.039
lnDE	7	0.063	0.063
lnIS		0.04	0.04
lnDE	8	0.056	0.056
lnIS		0.040	0.040
lnDE	9	0.052	0.052
lnIS		0.039	0.039
lnDE	10	0.049	0.049
lnIS		0.039	0.039
lnDE	11	0.047	0.047
lnIS		0.038	0.038
lnDE	12	0.046	0.046
lnIS		0.038	0.038
lnDE	13	0.046	0.046
lnIS		0.037	0.037
lnDE	14	0.045	0.045
lnIS		0.037	0.037
lnDE	15	0.045	0.045
lnIS		0.037	0.037
lnDE	16	0.045	0.045

续 表

lnIS		0.037	0.037
lnDE	17	0.045	0.045
lnIS		0.037	0.037
lnDE	18	0.045	0.045
lnIS		0.037	0.037
lnDE	19	0.045	0.045
lnIS		0.037	0.037
lnDE	20	0.045	0.045
lnIS		0.037	0.037

从 lnIS 的方差解释率来看，lnIS 从第一期的97.7%，以后各个期数方差解释率持续降低，当期数等于10的时候，方差解释率为96.1%，当期数等于20的时候，方差解释率仍高达96.3%。综上影响产业结构升级的最大因素是其本身，呈现一定的自我强化机制。

从 lnDE 的方差解释率来看，数字经济各期数的方差解释率同样存在持续下降的现象，降幅度较大，当期数等于10的时候，方差解释率为4.9%，当期数等于20的时候，方差解释率为4.5%，表示影响数字经济最明显的是其本身，但与产业结构转型升级相比，数字经济受自身影响程度要相对较弱。

从 lnDE 对 lnIS 的方差解释率来看，lnDE 对 lnIS 的方差解释率是不断增加的，从1期的2.3%上升至10期的3.9%，但方差解释率的增幅较慢，10期以后，数字经济的促进作用开始趋于平缓，说明数字经济对产业结构转型升级的影响具有时滞效应。

从 lnIS 对 lnDE 的方差解释率来看，第2期达到53.6%，到十期贡献率已经达到95.1%，产业结构转型升级对数字经济的影响在不断增加。综上可知，变量对其自身的结构贡献率都远超过其他变量，说明两者均存在较为明显的自我强化机制。

第四节　数字金融的驱动效果

下面运用GMM估计分别考察数字经济发展水平的子系统(二级指标)——数字经济基础设施(DE_j)、数字经济应用水平(DE_y)、数字经济产业支撑(DE_c)、数字经济发展环境水平(DE_h)对产业结构子系统(合理化IS_h、高度化IS_g、升级化IS_s、转型化IS_z)的驱动效果[①]。

分别构建数字经济(InDE)与产业结构合理化水平(InlS_h)、高度化IhIS_g、升级化InIS_s、转型化水平lnIS_z四组面板向量自回归模型,同时为了考虑区域差异性,本书分东、中、西部地区分别进行GMM估计,注意由于数字经济对产业结构的高度化和升级化不显著,为避免表格过于冗余,这里不再给出。

表5-2　数字经济对产业结构合理化驱动效果表

区域	解释变量	被解释变量			
		h_lnDE		h_lnlS_z	
		系数	P值	系数	P值
东部	h_lnDE$_{t-1}$	0.9182**	0.000	0.0301*	0.099
	h_InlS_h$_{t-1}$	−0.9467***	0.000	0.6001***	0.000
中部	h_lnDE$_{t-1}$	0.9036**	0.000	0.0334**	0.000
	h_InlS_h$_{t-1}$	−1.1928***	0.000	0.5845***	0.000
西部	h_lnDE$_{t-1}$	0.9586**	0.000	0.0148	0.149
	h_InlS_h$_{t-1}$	−2.7651**	0.000	0.6279**	0.000

表5-3　数字经济对产业结构转型化驱动效果表

区域	解释变量	被解释变量			
		h_lnDE		h_lnlS_z	
		系数	P值	系数	P值
东部	h_lnDE$_{t-1}$	0.9170***	0.000	0.0298	0.101
	h_InlS_h$_{t-1}$	−0.9383**	0.000	0.6020**	0.00
中部	h_lnDE$_{t-1}$	0.9039**	0.000	0.0334***	0.000

[①]付凌晖.我国产业结构高级化与经济增长关系的实证研究[J].统计研究,2010,27 (08):79-81.

续　表

	h_InlS_h$_{t-1}$	−1.1948***	0.000	0.5841***	0.000
西部	h_lnDE$_{t-1}$	0.9591*	0.000	0.0149	0.149
	h_InlS_h$_{t-1}$	−2.7710**	0.003	0.6277**	0.025

由上表可知,东部数字经济对产业结构合理化正向促进作用,在10%水平下为0.0301。中部在1%水平下为0.0334,说明存在显著的正面影响。西部不显著。综上,数字经济发展对于中部的产业结构合理化的正向促进作用最为显著,东部次之、而西部不显著,东部、中部地区的数字经济不断促进这些地区的产业之间相互优化融合,进一步推进产业结构愈发合理。而中部数字经济对产业结构转型化水平正向促进作用在1%水平显著,东部、西部不显著。

第五节　数字金融发展水平的驱动效果

进一步利用GMM估计数字经济发展水平的子系统(二级指标)——数字经济基础设施(DE_j)、数字经济应用水平(DE_y)、数字经济产业支撑(DE_c)、数字经济发展环境水平(DE_h)对产业结构转型升级的影响[①],结果如表5-4所示。

表5-4　分区域驱动效果表

解释变量	区域	被解释变量	
		h_lnlS_h	h_lnlS_z
h_lnDE_jt−1	全国	0.0192***	0.0161***
	东部	0.0261	0.0241*
	中部	0.0344***	0.0352***
	西部	0.0152	0.0141
h_lnDE_yt−1	全国	0.0193***	0.00163***
	东部	0.1568	0.0168*
	中部	0.0414***	0.0031***

[①]臧蕊.数字经济产业发展对产业结构优化升级的影响研究[D].北京:北京邮电大学,2019.

续 表

	西部	0.0150	0.0013
h_lnDE_ct-1	全国	0.0192***	0.00164***
	东部	0.0259	0.0170
	中部	0.0345***	0.0037***
	西部	0.0152	0.0021
h_lnDE_ht-1	全国	0.0193***	0.00160***
	东部	0.0276	0.0167
	中部	0.0340***	0.0025***
	西部	0.0151	0.0012

由表5-4可知,从全国来看,数字经济的子系统(基础设施、应用水平、产业支撑、发展环境)均对产业结构合理化、转型化有显著促进作用,但区域差异较大。从细化角度看数字经济子系统驱动情况分别为:①在东部地区,数字经济基础设施仅对转型化有驱动效果;在中部地区,数字经济基础设施对合理化、转型化都有显著积极影响;而在西部地区,数字经济基础设施对合理化、转型化均无显著正面作用。②在东部地区,数字经济应用水平均仅对转型化有显著驱动作用,而中部地区对两者均存在驱动作用,而在西部地区,数字经济应用水平对合理化、转型化的驱动作用均不显著。③在中部地区,数字经济产业支撑仅对合理化、转型化均有显著驱动作用;而在东部、西部地区两者驱动作用均不显著。④中部地区,数字经济发展环境均对合理化、转型化有显著驱动作用;而在东部、西部地区两者驱动作用均不显著。

第六章　促进产业转型发展的数字金融实践途径

第一节　数字金融建设支撑数据共享

一、共享经济与数据共享

(一)共享经济的理论探讨

1.共享经济的内涵

共享经济简而言之就是利用网络信息技术,通过平台将分散资源进行优化配置,提高利用效率的新型经济形态[①];即接受者有权利用这些资源,但不是占有。一个人拥有的任何资源包括房屋、车辆、食物或者是书籍,都可以向他人分享。通过这样的分享,需求方可以一个较低的价格满足自己的需求,而供给方则可以获得一定的收入。在这个过程中,资源的使用效率会相应地提高,既可以为需求方创造价值,也可以优化社会资源,促进社会经济的发展。

共享经济的本质是去中介化和再中介化。因为共享经济中的商品或其他服务不是一直处于使用状态的,也不是为了某些人特别供应的。供给方从商业组织演变为线下的个体劳动者。因此,需要有一个平台对数量庞大的需求方和供给方进行撮合。为了进一步提升自身竞争优势,这些平台企业利用已经掌握的客户资源、用户数据、技术能力开始推进生态化扩张。基于庞大的用户群体和海量大数据的深度挖掘,平台企业将不断拓展业务领域,通过开放平台开展战略合作,逐步打通用户、需求和流量入口,降低用户获取成本,提高用户转换能力,完善线上线下服务。为用户提供更加多样化、精准化、高效化的增值服务或配套服务,最终形成一个具有高度开放性、动态性、协同性的创新平台。

---

①伍世安,傅伟.共享经济研究新进展:一个文献综述[J].江淮论坛,2020(03):44-54.

2.共享经济的生态系统

共享经济社会经济生态系统是一种建立在人与物料共享并协同消费基础之上的协作经济,也被称为点对点经济,这种新的经济模式,所构成的生态系统,是通过动态调整线下社会存量资源来最大限度地利用产品和服务,使得生态系统内的用户、交易平台和构成系统,相生相长,同频共振,不断完善生态布局,共建全球生态文明价值链,这就完全颠覆了以往不断通过新投入刺激经济增长的传统思路。在共享经济构成的这个生态系统里,包含了用户、交易平台和构成系统的基础设施等,而此基础设施也是建立在法律制度和技术基础之上的,其发展水平也决定了生态系统的发展和繁荣程度。其中,用户既是需求的发起方也是需求的满足方;而交易平台就要具备身份识别、需求和供给的汇聚的功能,满足需求方的需要,提供供给方存在的闲置资源,解决信息不对称问题,降低交易成本,以满足需求方的需要,为此,技术便成为重要的基础设施,例如提升信息共享和计算能力、降低交易成本、保障网络高速可靠运行和良好的定位系统等,由此可见,技术也是驱动共享经济快速发展的最核心因素之一。

(二)共享经济模式下的数据共享

1.共享经济模式

我们现在所处的网络世界、虚拟空间里,现代科学技术的进步正在使得数据的产生速度呈几何级数增长,在这纷繁复杂的数字化"运动"中,数据成为重要的生产资料,谁掌握了数据,谁就获得了挖掘价值的优势,人们在对大量的数据进行分析,挖掘出了比现实社会、物理世界更大的财富价值,而大数据、人工智能等各项新技术都是人类可以共享的数据红利,而这种共享以及所形成的共享经济,即是一种在互联网时代下产生的一种新的共享经济模式,这种模式实现了资源共享和资源互补,实现了互联网新科技和新产业深度融合,实现了业务创新,更是对传统经济形态的颠覆。

2.共享数据资源发展研究

打开了共享发展的大门,数据资源在相互交织和互动中不断地发展演进,并加快数据资源到资产、资本的转变,这种演进带来数据资源共享中如下几个方面的变化。

第一,数据价值化。在互联网到大数据发展时代潮涌下,信息的传递也从自由共享向着高度共享转化,出于价值交换的需要,人类通过技术手段对数据挖掘、加工、建模、处理和运算,从而成为智能数据,因此,也为我们打开了智慧社会的大门,数据资源的交换和共享更是促进了数据价值的进化。

第二,数据产权化。我们通过使用百度搜索引擎、百度百科、微信、淘宝、京东等社交及网购平台,每天都会产生大量的社交数据、交易数据、社科数据、图片视频等数据,数据量十分庞大,只能通过信息平台服务提供商、社交平台及网购平台企业与个人签署信息安全保密协议,并以提供一定的免费服务达成相互谅解,形成一种合法的、社会化的海量数据资源,从而在市场机制下形成最大化的社会共享资源。这里需要强调的是:任何数据只有集中起来才具价值,而集中这些数据并使之价值化的只能是互联网信息平台提供商、社交平台及网购平台等企业,为了保障这些企业的合法权益,需要对各自的数据明确产权,有了合法产权,形成资产也就顺理成章了。

第三,数据信用化。在数据资源向着数据价值转化的过程当中,有了数据权属的界定,而每个个体在互联网上产生的大数据也都会成为各自的信用数据,即信用资产,再由此转化为信用价值,在共享经济模式下,陌生个体之间的服务和商品交换需要以信任为支撑,线上交流和线下对接的结合也需要信用的保障,就需要建立与之相适应的信用关系。在这个基于信息和共享的社会里,智能化的技术让整个社会处于一个智能空间里。

数据是企业的一种资产,特别是企业通过大数据技术的应用,会让企业找到除了传统的人力、财力、物力等资源外更新的资源和资本,这就促使加快企业的数字化转型,一是企业内部一套核心应用,作为日常运转;二是有效的管理外部客户和供应商,动用各种技术的手段,采集现实社会海量数据并进行处理,实现信息互通,资源共享,整合相关社会需求,业务联动,用数据说话,数据决策,实现共享经济模式下的数据创新。共享经济模式下的数据共享,必须建立在良好的诚信体系的基础上,完善的信用体系是推动数据创新的必须途径。

二、金融数据共享

数据流通与共享顺应了数字金融的数字化转型。在大数据时代,海量的数据规模、快速的数据流转、动态的数据体系和多样的数据类型赋予数据前所未有的价值,以至于著名杂志《经济学人》将其比喻为21世纪的石油。随着现代网络信息技术的发展,产业由金融电子化和金融信息化正在向移动化、网络化、数据化、智能化迈进。在这一数字化转型中,数据的收集、汇聚和流通为各种个性化服务和风控模型奠定了基础,降低了金融服务成本、促进了供需精准匹配,显著提升了金融运作效率,并且激发出新业态和新模式,推动产业向形态更高级、分工更精准、结构更合理、空间更广阔的阶段演进,最终驱动实体经济和虚拟经济、区域经济和全球经济的升级转型和创新跨界。孤立的数据没有意义,数据的孤岛应被打破。要激活金融数据的价值,必须依赖于数据的流通与共享。

近年来,"互联网+金融服务"成为我国金融业发展的重要方向,特别是在银行互联网化方面取得了一系列成果。然而,银行互联网化只是"互联网+金融服务"的初级应用,金融数据共享才能促使互联网与金融的深度融合,这一发展思潮影响深远,将给金融服务业带来新一轮巨变。很多金融科技专家将其称为继虚拟货币、人工智能之后,金融科技的下一个热点。英国权威的《经济学人》称之为银行业的"地震"。

2016年底,美国的消费者金融保护局(CFPB)提出金融数据共享计划,2017年10月18日发布金融数据共享的9条指导意见。英国的竞争和市场委员会(CMA)也在2016年启动Open Banking计划,预计2018年开始实施。欧盟2016年通过了支付服务法令2(PSD2),规定从2018年1月13日起欧洲银行必须把支付服务和相关客户数据开放给第三方服务商。随后,澳大利亚、新加坡、日本、韩国等金融强国或地区都在

2017年推出了各自的金融数据共享战略和计划,制定 Open API(开放接口)标准,将来所有银行业务,都必须通过 API 接口开放金融数据。虽然各国对金融数据共享的称谓不同,但其核心理念却是一致的,即通过金融数据共享,推动传统银行和金融科技公司更深层次的合作与竞争,以实现各方利益的共赢。目前,我国已经形成了体系化的金融机构、多样化的金融产品、开放的金融市场和较为发达的金融科技产业,具有实施金融数据共享的基础条件。发展金融数据共享有助于"补短板""降成本""去杠杆"等改革目标的实现,主要体现在以下三方面。

(一)优化资源配置,推动"补短板"

供给侧结构性改革的意义在于通过金融创新,提升资源配置的效率,服务实体经济。金融数据共享可打破信息壁垒,从而有效拓展金融资源有效配置的领域和空间,实现供给和需求的精准匹配,弥补传统金融难以解决好的金融需求,对接"补短板""降成本"等供给侧结构性改革关键任务。在实施层面,政策制定者通过金融数据共享,对金融及经济大数据进行智能分析,明确哪些项目属于无效供给,哪些是急需优先扩大的短缺性供给。

(二)创新业务重构,促进"降成本"

金融数据共享的另一优势是可以简化交易流程。通过金融数据共享,银行、金融科技公司相互开放数据,构成同生互利的生态圈。金融业务与互联网的深度融合不是简单地把金融业务移植到互联网,而是利用网络便捷高效的特点业务重构,很多传统金融服务业务的中间环节就会取消,这样不仅增加服务的弹性和多样化,制度性交易成本会显著降低。

(三)汇聚多方资源,助力"去杠杆"

降低企业的高杠杆是改革的重点和难点。美国次贷危机乃至金融危机,就是由于美国个人住房消费和金融机构过度使用杠杆而引爆的。近年来,我国非金融部门杠杆率(债务/GDP)不断上升,由 2006 年

3月末的108.5%提高到2016年三季度的166.2%,不但显著高于新兴市场105.9%的平均水平,也显著高于发达经济体88.9%的平均水平。去杠杆的核心是开放性竞争,金融数据共享是促进金融业开放性竞争的重要手段。我国近年来非传统金融业务发展比较迅速,数量庞大,但体系封闭,加剧了杠杆不平滑,互相不传递,加剧了高杠杆的危险程度。另一方面,高杠杆主要集中在大中型企业等经济主动脉,而千千万万的小微企业或小商小贩及个人则是经济体系的"毛细血管",他们数量庞大,但规模小、资质弱,难以从传统金融机构获得贷款。而金融数据共享平台可将金融机构、金融科技企业、大中型企业、小微企业甚至个人,都汇集到一个统一的网络平台进行公平竞争,这样不仅可唤醒"沉睡"的资金,拓宽中小企业的融资渠道,同时能让众多小微企业甚至个人通过适当加杠杆的方式获得生产提高或生活上的便利,分享数字经济带来的红利。

三、数字金融背景下数据共享机制改进建议

在数字金融的发展中,从数据资源到数据价值,再到数据资产,数据产权归属、数据信用,是在共享过程中,从低级到高级、从简单到复杂、从无界到有序演进的发展规律,有秩序、有制度是数字金融模式下数据共享的保障,如果说互联网为我们带来了一个不规则、不安全、不稳定的世界,数字金融驱动下的数据共享机制则能让这个交互环境变得更有秩序、更安全、更健康。

大数据时代,消除数字障碍,宽带服务使得网络融入更多人的生活当中,我们要使用大数据提供的服务,一方面,要上传数据,而另一方面,把数据提交出去分析,就会泄露隐私风险,而如何解决来自"共享"的这个悖论,使得我们的社会,我们的企业,或是公司的运营,通过大数据分析,作出基于数据驱动的决策来的,这是需要在运行机制方面进行改进的,建议如下。

(一)建立数据共享的标准体系

工信部在2019年6月数据产业峰会上,鼓励数据融合与深化应用

的发展。然而,跨行业的数据融合行为会极大强化数据处理的规模性和侵入性,亦会进一步增加处理数据权属、金融消费者保护等方面的纠纷。因此,公私领域数据共享的规则应当尽快确立,标准体系的制定乃当务之急。基础设施认定涉及国家安全与商事利益的冲突,需要明确作为私人基础设施主要认定部门的监管机构,确立国家网信部门与人民银行、银保监会在监管权限、监管重点方面的分工;同时,在监管标准、技术建设、风险管理、责任承担、审计评估等方面,对关键私人基础设施和关键国有基础设施设置不同的监管框架。属于关键基础设施的私人金融科技企业,应当纳入金融数据强制共享范畴,其他私人企业则适用《网络安全法》鼓励自愿参与的共享规则。但金融科技企业的数据库具有一定的产权属性,其建立目的是催化数据聚合、成为资产,实质是将金融数据作为一种"公开化的私人财产"加以运营。虽然司法实践倾向于大型金融科技企业应负有更高的数据义务,并将其泛化理解为企业社会责任的一部分;但私人企业一旦被认定为关键私人基础设施,则运营过程中的行政角色将极大抑制其商事主体角色,因公共利益特别保护、注意义务大幅提升造成的交易机会减损与运营成本负担,需要在立法上给予私人商事组织向外部转移或消减的余地。在考量关键私人基础设施时,至少应当采纳白名单制度,针对用户数量、市场份额、数据处理规模、技术可替代性、影响范围五个方面,进行动态的评估与调整。更进一步,还需要考虑对不适当认定关键私人基础设施的法律救济措施,以及如何与当前包括行政复议、行政诉讼、民事诉讼、刑事诉讼等救济手段衔接的问题。

(二)构建良好的政策生态,加强社会善治能力

　　网络社会的治理更多体现为一种包括政府、网络企业、网络行业组织、网民等在内的多主体参与的多元合作的共治模式,就是由政府统一引导,参与数据共享平台建设的所有组织和个人共同参与,协同共治,强调治理创新。政府可以在国家层面进行公共政策的制定和协调;可以制定和通过法律、条例和标准,并监督实施;可以为信息和通

信技术发展创造有利环境等。政府治理创新,协同社会多主体、多元合作善治,以此来解决当前共享平台发展中面临的数据隐私泄露、数据权属不清、数据信用保护、法制监管缺失公共产品和公共利益受损等问题,让政府发挥保护网民权利和公共利益首要责任主体的作用。政府应完善政策创新机制,落实监管机制,针对现在出现的各种隐私问题,需要相关部门联合共享平台一起规范行业准则,对交换的资源和交易平台进行严格的审核,做好风险预防。比如优步的发展就是得益于其为客户提供了一个闲置汽车的共享平台,将有闲置车辆的客户和有用车需求的客户联系到一起,实现双方互利共赢,这种共享模式不仅改变了人们的出行方式,使得分散的个体能够基于平台实现共同决策,提高资源配置效率,并使得资源增值。政府出面,构建良好的政策生态,鼓励企业、社会组织和个人参与政策制定和落实全过程,增强社会自治能力,结合数据平台和数据应用的情况,出台产业发展扶持政策,支持关键技术攻关、系统解决方案研发和公共服务平台建设等。

(三)提升数据潜在价值,强化社会共治水平

有效的网络共享数据安全治理,是需要借助于信息技术本身和数据支持的,数字金融环境下,人们利用技术手段,同时通过相应的机制引导各参与主体,建立数据共享平台,引进数据,通过分析数据,透过数据的现象,洞察事物的本质,加入人工智能、新型智库等新的技术元素,进行更大规模和更深度的数据挖掘处理,以满足各方对数据的需要,推动数据交易和数据共享,因此,在多元共治的网络社会治理体系中,企业尤其是互联网的巨头们在一定程度上发挥着核心作用,通过互联网的社会共治模式,焕发数据活力,以期实现将实物的使用价值到数据价值的最大化。

(四)对纳入关键基础设施的实体,实施标准化的数据采集与提交规则

数据开放共享需要建立在数据充足披露的基础上,通过大型数据库之间的互相操作以及相关算法的开发,将各类数据连接成为一个完整的规制闭环。但需要注意以下三点:其一,标准制定过程应遵循公

开、透明和协商一致的原则。从国际经验来看,广泛吸收行业和市场参与者参与数据开放标准的制定,更有利于创造真正公平的竞争环境。其二,应当在金融子领域运行差异形成充分认识和理解的基础上设置标准规则,在数据共享与数据透明之间取得适当的衡平,避免"一刀切"的披露要求对部分金融子行业的过度侵入。资本市场与银行体系、保险体系之间存在固有的功能差异,大数据技术在金融业中的运用深度也不尽相同。例如就人工智能而言,资本市场领先于银行和保险机构。降低系统性风险的监管举措可能某种程度上会削弱金融机构承担风险的意愿。而这种意愿恰恰是真正创新的驱动因素。银行监管和保险监管被设计用于控制或压制风险的承担,监管者在执法活动的决策和实施过程中会更加谨慎,关键的监管目标是维持金融机构的稳定经营,以及确保大众的信心。但证券监管则是以促进风险承担为目标,采取信息披露、透明度以及锋芒毕露的公开严格执法手段,以震慑欺诈和违法活动。如果所有的重要性金融机构都按照银行的资本监管要求和风险测量标准加以审慎监管,创新活动和经济增长可能会因此严重减速。特别是监管规则出现实体内容错误,或者监管理念存在误导时,标准化可能带来的利益或将迅速土崩瓦解。其三,需要明确共享数据的质量要求与行业自律惩戒机制,通过警示、公示、黑名单、市场禁入等具体措施,规范行业行为,达到预防目的。

(五)加强权责配置,避免公共部门滥用数据共享机制

一是对可能进入公共利益视野的敏感个人数据(如医疗健康、就业、金融等),制定更严格的透明原则、更苛刻的隐私保护条款。对于一般个人数据,应当确保关键基础设施已在自身技术能力范围内进行了适当的匿名化处理。对于无法移除或匿名化的个人数据,应当在其能够控制的范围内最大限度地确保授权使用与安全存储。二是确保对关键基础设施采取额外的安全保障措施。由于合法利益豁免机制尚处于学理探讨阶段,当下可考虑通过对关键基础设施采取额外保障措施来履行合理注意义务,减少对数据主体的影响。例如,在数据处理过程中开发隐私增强技术、隐私影响评估机制;在因与第三方数据共享而导致个人数据意外泄漏等风险事件发生后,应在合理期间内及时通知数据主体、协助数据主体维护权益,明确告知其可采取的救济措施及如何行使司法救济的权利等。三是对于公共部门共享数据的披露、留存、处理、使用规则,需突破法律位阶较低且规定过于原则性、模糊性的制度障碍,应就使用标准、使用程序、使用情况公开、滥用处罚、教育培训、内外部审计监督各个节点细化相关规定,在法规层面确保操作标准的可行性。

第二节 数字金融系统强化数字管理

一、数字金融系统与产业数字化管理

传统管理模式存在着管理不及时、效率低下等问题,如何实现数字化管理成为学术界和业界的关注热点之一。从目前有关数字化管理的研究成果来看,学者们对于数字化管理系统的构建和数字化管理流程优化的研究,对降低管理成本、提高经济效益具有积极的意义。但关于产业数字化管理系统建设的研究较少,现有的成果和实践经验不能满足产业之间进行共享、交换等需求,不能实现资源的最优配置。我国正大力建设产业以培育经济发展新动能,研究产业数字化管理系统建设推动产业经济发展,如何打破产业间的信息壁垒并发挥产业的联动效应是关键问题之一。

随着数据金融基础设施的快速发展,金融服务的电子化程度不断加深,数字金融平台的应用范围愈发广阔①。对于数字金融系统的作用,数字金融系统可以看作是建立在互联网之上的基础设施,实现了人们的连接和信息集成,并且通过提供一系列的工具软件,使用户构建自己的产品、服务和市场。数字系统的普遍建立,为所有潜在的交易者提供了直接的信息交互渠道,在一个多边模式中促进自发的交流

---

①狄行思.论数字金融平台的信义体系构建[J].金融理论与实践,2022(04):60-68.

和交易并产生网络效应。如今部分地区数字金融系统开始大范围使用,数字金融服务系统有利于服务公众,为公众提供实时的数据动态,减少因信息不对称带来的交易失误,降低投融资风险。目前的研究成果中,不乏许多技术先进的数字金融系统,但是具体考虑如何让更大范围的产业受益而不仅是大型产业,从管理的角度运用好系统资源,充分利用国家政策和发展机遇,惠及更多产业的相关研究不多。因此下面将主要探究产业如何利用数字金融系统进行数字化管理,进行管理模式设计和体系建设。

二、基于数字金融系统的数字化管理模式设计

(一)接入系统

1.系统门槛设计

在数字金融系统背景下,需要一定程度上降低准入门槛,以发挥金融科技的最大作用。但是也正由于数字化的管理,使得产业交易风险加大。因此针对股东资质条件、资金来源和运用、公司治理、关联交易、风险管理体系等关键环节,在产业接入数字系统之前要进行仔细核查以及分类,并在进入系统后从产业登记标准、产业办理流程、产业办理模式等多个方面予以规范。同时为避免重复检测,可以试点并推广使用移动应用程序(App)多部门联合检查检测等方式。需要注意的是,在设置准入门槛的时候不能"一刀切",要针对不同类型的公司设定不同的标准。比如面对类互联网金融机构这一性质的相关公司必须设置准入门槛,给符合资质的发牌照,对于一些已经发出去的牌照,却又没有很好开展业务的公司,应该及时收缴牌照,最大限度保证系统的安全性。

2.账户系统

客户是用户身份信息的承载实体,其中客户是数字金融系统中的重要实体。在掌握基本信息之后,客户具体可以进行哪种业务,其他用户是否适应或者已经采用了该客户提供的相关服务等。客户开展该业务时,要根据业务的设计需要,开通什么系统账户需根据业务的设计,通过用户下设相应的账户进行隔离区分。需要充分利用我国数

字金融建设已经取得的成果,构建属于我国数字金融系统内的独有账户系统,统一管理。

3.信息录入系统

由于实时掌握相关情况需要的人力和时间成本极高,效率极低,不仅使得精细化管理模式存在较高成本门槛,而且随着企业生产规模持续扩大,管理层管理起来难度也会加大。此外,应用 Excel 管理也存在技术壁垒等较多问题有待解决。在这样的背景下,应用统一的数字金融系统管理不仅可以降低成本,而且可以让管理层真正精细化管理到每一个人。通过系统录入、入库、绑定专属条码数字化管理等步骤,易于掌握,并且产业内的产业可以选择电脑或者手机随时登录综合管理系统,进行登记、查询、审核、变动申请、清查等业务的办理。

(二)交易机制

当有形数字化后,产业方可以实时看到最新的相关信息。如果之后发生业务往来,为确保交易安全性,办理业务双方均要注册唯一的身份识别码,且须通过审核,同时会获得相对应的"两把钥匙"。在交易之前,双方要利用区块链达成价值传输协议,并借助系统的安全环境完成交易。

(三)交易结算业务

在模式中,交易结算业务以数字金融系统为基础,采用多种电子交易结算方式,探索系统结算便利化创新,追求高效、准确的交易结算。为了保证资金流的健康运转,支付方将款项汇入系统第三方系统中,第三方在支付方确认交易实物情况属实后再将款项汇给收款方。在规范交易结算业务、完善交易结算规则的同时,产业内金融机构为急需资金的产业提供抵押融资服务,并给予贷款便利。对于产业融资申请,金融机构进行"互联网+"信用评级,对信用等级良好的产业给予优惠措施并尽快通过申请。

(四)反馈与评价机制

应当设立反馈与评价机制,建立统一权威的评价体系,对交易进行后续管理,提高数字化管理系统的可持续性和可信任度。该机制涵盖产业日常数字化管理、交易过程以及后续评价,既包括对交易本身的回评,也包括对系统使用感的反馈,有利于引导产业进行自评并提升管理水平,规范交易过程,优化系统设计。针对交易回评,回评内容应当做到全透明、全公开与双向性,包括信息描述是否属实、提供方与借入方对彼此的双方评价等。针对系统使用感反馈,系统中设有单独的反馈模块和举报渠道,拥有交易纠纷在线解决机制。

三、基于数字金融系统的数字化管理运行体系

(一)大数据精准推荐

通过捕捉用户浏览各页面时所停留的时间或者是查看的内容进行计算分析,可以过滤掉很多信息,之后就会根据用户的浏览记录给用户进行相关人群的分析,推送一些相关联的物品。大数据时代,面临海量且种类繁杂的数据,显然大数据环境下的推荐系统展现出来的大规模数据处理能力更加出色。目前,采集的主要用户数据是隐式反馈数据,更是具备费用低、对客户干扰小等优点。在产业内先试先行,也适合各类产业,尤其是最近几年成立的中小微产业,能够在技术层面降低成本,最大限度地为产业发展提供更高的技术保证和目标群体选择。

(二)物流全方位覆盖

产业内大力推动创新发展,引入外资发展本土产业,这其中包含大量的中小微产业,如电商产业、传统商贸产业等,也希望得到更好的、成本可控的优质资源。目前的物流服务整体上还处于粗放式发展阶段,即使初步实现信息化,但多限于内部,无法与上下游进行信息打通,提供有价值的信息,"信息孤岛"现象依然存在。产业内建立数字金融系统管理并进行交易,将成为物流发展的重要机遇。

(三)风险管理

在数字化管理过程中,产业与系统通过内部风险管理和外部政府监管防范化解各类风险。内部风险管理依托模式设计和系统设计,而外部政府监管主要是完善法律法规和健全监管机制。为降低产业交

易的财产风险,系统接入数字金融系统的交易数据,据此测评产业的诚信度,并结合产业运营情况设计风险评价与风险提醒。系统设计者提取和存储经常发生的网络攻击事件的特征,以此作为风险识别的基础,并制订全面的风险应对计划。此外,不断提高网络安全技术、数据加密技术等应对技术风险。政府结合实际情况完善法律法规,进行政策引导,对违规违法行为进行严厉处罚,推动产业数字化管理不断规范化和制度化,确保平台的合法性和交易的公正性。

四、基于数字金融系统的数字化管理建议

(一)大小产业通力合作,实现"以大带小"机制

为中小产业营造与大型产业平等的市场环境,一定的生存和发展空间,才能使两者在市场竞争中获得相应的利益。这样,当大产业需要支持时,各个小产业才会鼎力支持,形成产业集群,形成完整的产业链,在数字金融系统中也能畅通地合作共赢。

(二)完善数字金融体系,构建数字金融运行模式

完善数字金融体系是优化产业内产业数字化管理的重要举措。发展数字金融必须遵循伦理道德和法律制度,坚守公平、诚信的原则。在完善数字金融体系中,政府要重点关注数字金融信用体系,拓宽信用信息的来源,强化征信监管力度,保证信用数据的有效性与真实性。此外,政府应提升金融机构集聚能级,在片区内鼓励金融创新,为产业提供更多金融优惠。有关部门要树立正确的治理理念,把握好鼓励创新发展和完善监管制度之间的平衡点。

(三)实现产学研+金融模式,打造创新生态圈层

国家应不断为产业数字化转型和数字化管理提供科技支撑。落实产业创新,政府应根据当地的产业特色精准施策,利用数字化管理系统发挥对重点产业的引导作用,在系统建设中给予重点产业政策倾斜。人才是科技、金融、产业创新的原动力,是产业发展的重要资源之一。为打造数字化管理的专业化团队,需要大力引进高端人才,放宽人才从业限制,提供高质量的公共服务和经济贡献奖励补贴。

第三节　政府扶持助力产业转型发展

一、政府职能与产业转型

政府职能,顾名思义是指作为国家和社会管理者、执行者的各类行政主体,在对国家和社会进行治理的过程中所承担的职责义务和法律赋予的权力功能[①]。政府职能通常表现为政治职能、经济职能、文化职能、社会职能四方面的履行,其中,经济职能与市场联系最为密切,是确保经济健康发展的坚强后盾和有力武器。在我国,政府的经济职能履行的主要抓手就是宏观调控,包括经济手段、行政手段和法律手段,最常用的是经济手段,体现在事前引导、事中保障、事后监管等方面,如在产业发展前期,政府通过制定科学的发展规划、出台政策指导等方式引导市场资源流向,对于有市场潜力和竞争力的朝阳产业,通过优惠政策、财税补贴、降低准入门槛、建立容错机制等方式引导市场主体广泛参与,对于负外部性明显、属于"两高"的夕阳产业,通过抬高门槛、税收等方式倒逼市场退出或者转型升级;在产业发展步入正轨后,政府逐渐弱化自身存在感,转为政务服务提供者,为市场有效运转保驾护航,对于市场存在且自身无法克服的一些弊端问题,进行合理干预,加强监管执法,打击违规违法行为,营造公平健康的市场环境。

数字金融背景下,政府职能履行方式也逐渐发生转变,政府治理模式不断向数字化治理方向转变,数字治理应运而生。数字治理是指通过数字化手段和数字技术赋能传统治理理念,变革为更加高效、民主、透明、包容的数字融合空间系统性治理体系,主要表现为数字治理架构的不断完善和数字治理效果的不断优化。一方面,数字化高效、精准、便捷、开放的属性能够倒逼各类社会主体和要素间的协同、开放、共享,改变政府部门传统"守牢一亩三分地"的执政理念,打破政府部门间数据壁垒,解决数字鸿沟和信息"孤岛"难题,提高政务服务效率;另一方面,通过对海量数据的充分挖掘分析和高效利用能够辅助

---

①任洁.探究政府职能转变——以新公共服务为视角[J].国际公关,2022(14):61-63.

政府决策,提高政府行为和决策的科学性、针对性、有效性,实现数据价值转化和政府治理水平提升的双向增益效果。

在产业转型中,政府主要在以下几个方面发挥其作用。

第一,统筹协调。产业转型是一个系统工程,牵涉发改委、财政、交通、国土、住建、工商等多个部门,政府可以通过设立相应专门机构来统筹全局,负责协调产业转型问题,加强相关部门间的联动。如德国鲁尔,在联邦经济部下设立联邦地区发展委员会和执行委员会等职能部门,负责城市建设,并有针对性地出台一系列激励政策和措施,有力推动了鲁尔的产业转型发展。

第二,规划引导。政府要加强宏观调控,通过深入调研,科学制定城市未来发展规划,因地制宜引导新兴产业落户发展,优化城市产业结构,解决产业转型过程中出现的社会、经济、环境等问题。

第三,财税支持。转型过程中必然涉及资源型企业的关闭破产、下岗人员的安置、新兴产业的扶持、环境污染的治理等问题,解决这些问题政府需要投入大量资金。政府必须通过不断完善财税政策,为产业转型提供资金支持。因此,从中央到地方,都要未雨绸缪进行长远战略谋划,采取财税优惠、设立专项基金、进行直接补贴等财政支持方式,帮助渡过难关。如德国鲁尔,正是因获得政府的巨额资金补贴,降低了城市转型变革过程中出现的社会不稳定因素。

第四,制度创新。针对转型过程中出现的问题,政府要进行制度创新,建立健全产业转型相关机制体制,为产业转型提供制度保障。政府可以通过制定相关法律政策,明确政府和企业在资源开发过程中的权利和义务关系,建立健全资源开发补偿机制和监管机制,进一步明确产权制度,从而保障可持续发展。如德国的矿山法,要求企业必须留出足够的复垦专项资金,抽出的矿水需处理后再排放等,有力地降低了资源开发过程对环境的破坏。

第五,公共服务。政府要优化公共服务,不断完善社会保障体系。交通是经济的命脉,政府在治理问题过程中,首要任务是加强交通等基础设施的建设。同时,政府要加强公共事业建设,完善社会保障体系,在就医、住房、教育、养老等方面加大投入,为下岗人员提供职业技能再培训、发放下岗补贴等,帮助其实现再就业,以此改善城市投资环境,提高公共服务质量和水平。

数字金融背景下,政府推动产业转型发展的作用发挥主要表现在两方面:一是产业数字化过程中,政府要加快合作平台建设和管理,推广行业内互联网平台的应用,推动企业间数字资源共享和企业生产过程模块化,对于一些非核心技术可以适当放开权限,吸引第三方主体加入平台进行互补,降低企业初始研发投入成本。同时,政府还要善于发挥龙头企业引领作用,积极培育龙头企业示范,引导带动中小企业的整体数字化转型。二是数字产业化过程中,政府加强政策引导,积极发挥统筹协调作用,加大重点优势项目的资金与政策支持;加强核心技术攻关,建立健全"政产学研用金"结合的体制机制,加紧市场与高等院校、科研院所的对接联系,强化研究成果市场化运用和价值转换;准确预测和把握产业发展趋势,加快布局并完善以 5G、人工智能、物联网等为代表的信息化基础设施和以重大科技、科教、产业技术创新等为代表的创新基础设施建设。

二、政府推动产业转型发展的对策建议

(一)强化政策保障

1.科学制定规划

数字金融驱动传统产业转型发展是一项系统工程,在充分尊重市场规律、发挥市场作用的同时,需要政府科学谋划、协调推进。一方面,政府要根据区域内产业发展现状和地方实际情况,结合未来经济发展趋势,明确转型升级路径和主攻方向,做好引导规划,以数字金融做优做强"一号发展工程"为契机和重大窗口期,高位推动,强化重点发展领域环保政策、土地开发利用政策、金融税收政策、科技研发政策、人才政策等政策工具的系统集成,引导各类资源要素向目标产业、优势产业、重点产业聚集,同时,鼓励各地市在不违反统一部署的情况下探索制定符合地区发展实际、有利于激发市场活力的差异化产业发

展政策,对于探索过程中的一些改革性失误,建立容错纠错机制,创造更加宽松、活力的发展环境。另一方面,地方要拿出真金白银和务实举措鼓励引导重点产业发展,通过设置科技成果转化基金、财税奖补资金以及优惠政策倾斜对重大技术攻关项目和前沿应用项目予以扶持,引导社会资本采取股权投入、风险投资等形式参与重大项目建设、企业技术改造和关键基础设施建设。

2. 完善创新机制

积极发挥政府投入对全社会研发投入的引导和拉动作用,加大政府、高校和科研院所的科技研发投入强度,着力解决一批"卡脖子"关键技术难题。加强"政校学研金"融合,大力借助和发挥高校、科研院所在人才和科技研发方面的智力优势,鼓励他们积极与企业、市场对接,加快科技成果市场检测,提高科研成果市场转化率。以提高关键技术和核心竞争力为目标,在有条件的地市建设创新服务中心、产业技术研究院、创新发展研究院等公共创新平台。通过制定从项目提出、技术攻关、实践运用,到生产销售、推广发展、反馈提升的闭环路径,加强科研和创新成果市场转换,科技厅牵头搭建一个科技服务云平台,将所有与科技创新相关的内容都集成在这一个平台,平台实行中介式运行模式,发挥成果转化和技术交易作用,将技术路线、科技咨询、研究成果等科技服务商品化,企业申请成为平台参与者后自主发布需求信息、自主下单交易,企业在平台上也可以与高校、科研院所直接对接,通过市场化资源配置,盘活科研机构资源,同时降低企业研发成本,提高科技成果转化效率,形成"创新成果运用到技术改造、技术改造推动创新提升"良性循环。

(二)优化市场环境

1. 改善营商环境

坚持在范围内,以"五型"政府建设和"四最"营商环境打造为抓手,狠抓营商环境优化升级"一号工程"。大力推行政务服务网"三单一网"工作,推行"容缺审批+承诺制"改革,推行涉企经营许可事项告知承诺制,缩短审批时间,提高审批效率。以数字金融发展为契机,加快数字政府建设,深化"互联网+政务服务"的推广、完善和升级,通过延时服务、错时服务、线上大厅、智能机器人等举措实现24小时不打烊服务。持续开展降成本优环境专项行动,完善降费减负政策,建立涉企收费项目库,加强监督检查,减轻企业负担。做强做大服务品牌,加快完善惠企政策兑现平台,加强各类惠企政策的兑现力度和督办力度,解决政策落实"最后一公里"问题。大力弘扬"不为不办找理由,只为办好想办法"工作作风,建立常态化培训机制,把经济新形势和产业发展内容列入党政干部培训计划,做好及时奖励推荐工作,营造"办事不用求人、办事依法依规、办事便捷高效、办事暖心爽心"的营商环境。

2. 加强市场监管

依托国家企业信用信息公示系统,探索市场主体信息平台建设或接入,在有足够技术支撑和安全保障的前提下,推进政企联动、银企联动的信用共享共建机制和校企联动、研企联动的技术信息共享共建机制。实行平台主体动态评价,通过守信激励和失信惩戒机制,形成政府主导、企业参与、社会监督的协同治理机制,提高平台权威性。优化市场法治环境,坚决打击不正当市场竞争行为,研究出台有利于数字金融、信息安全、知识产权保护的地方性法规条例和执行办法。各级政府要高度重视专利申报、商标注册等知识产权保护工作,将法治精神贯穿于市场行为监管全过程,在产权制度、知识产权制度、投资融资体制机制、收入分配制度、先进设备和人才引进制度等方面加强法治监管,加大违规违法惩治力度,营造公平、健康、有序的市场环境。逐步完善数字金融领域的监管制度体系,对于新兴企业和转型升级企业在科技攻关、改革探索等领域出现的非主观恶性错误,予以一定的包容。运用"法媒银"平台,对于疫情期间发展严重受挫,导致亏损欠债暂时无力偿还的企业,给予信用修复机会。

(三)加快人才聚集

1. 多形式引进高素质人才

依托各种访问学者计划和高层次高技能领军人才培养工程,从海内外多渠道、多形式引进一批"高精尖缺"专业人才和科研创新团队。

实施人才回归工程,全面开展"三请三回"活动,人才管理部门要多走出去寻访人才,鼓励发动海内外优秀数字金融高层次人才通过总部回迁、项目回移、资金回流、技术回乡等方式回乡创新创业,对于回乡人才,地方上在创新创业、企业运营以及个人生活上都可以适当予以政策优惠。强化人才政策落实,从住房、教育、待遇、社会保障等社会关注点和实际需求出发,增加人才政策的诚意和"含金量",同时,在人才审批过程中,适当放宽限制条件,尽可能简化相关申报程序,申报业务能上线的尽量上线,能部门间信息共享的尽量共享,强化现有人才政策兑现力度,聚天下英才而用之。探索"人才飞地"模式,针对高端人才引不进、留不住难题,各级政府可以吸收借鉴"离岸人才创新创业基地"模式,探索在上海、深圳、北京等人才集聚且经济发达城市设立研发中心和创新创业基地,打破高层次人才生活居住空间地域限制,推动更多高层次人才和先进技术"引进来"。

2.完善人才培养评价机制

通过财税奖补等形式支持鼓励企业自主设立实验室和培训基地,政府也可以探索搭建企业与高校、科研院所合作平台,建立定点合作教育实践基地,多点对接、动态调整。重视全社会劳动力的职业教育培训和在岗企业员工的职业技能培训,跳出传统校企分开的培养思想,以企业新型学徒制为核心,探索产教融合、校企合作的双元办学模式,面向市场需求和学生职业生涯规划,着力培养一批市场紧缺人才,缓解结构性就业压力。改善人才使用和激励环境,改革现有的人才评聘制度,转变以往过分注重论文数量的评聘方法,突出创新能力、质量、实效、贡献在考评指标中的比例,提高考评结果科学性。完善科研人员职务发明成果权益分享机制,对科技创新成果实施产业化的项目,支持主要研发人员获取技术股权奖励,让更多的科研人员实实在在享受到科技带来的物质回馈,充分调动人才活力和积极性。

(四)夯实数字化基建

1.强化网络基础保障

在实现城乡4G全覆盖的基础上,扎实推进5G网络建设部署,加快实现重点区域和重点应用场景5G网络覆盖,加快建成全域覆盖的NB-IoT网络和eMTC网络,实现窄带物联网、增强机器类通信网络、5G三网协同发展。以工业互联网为基础载体,以"区块链"技术为导向,加快在全社会布局网络节点、数据中心、算力平台等基础设施建设,大力推广应用智能装备、智能工艺、智能生产线,建设智能车间、智能工厂,在有条件的城市逐步推广城市公用设施的智能化改造,强化不同行业、不同领域、不同场景中的物联网应用,加快信息网络、数据中心等网络关键设备升级改造,全面提高企业生产管理数字化水平。加快5G试点城市建设,支持建设5G试验网,推动打造全国5G建设新标杆。

2. 推进数据共享和安全保障

以服务平台为载体,在范围内建设标准统一、规则统一的数据交易平台,内容涵盖政务服务、居民生活、经济运行、社会保障等多领域,在工、农、文、旅、教、医等经济领域和民生领域推进大数据应用试点,逐步探索实现数据资源在关联部门间的互联互通共享,促进数据跨部门、跨系统、跨区域共享。提高网络安全保护等级,强化平台企业落实网络安全主体责任,完善网络安全制度,以"区块链"为载体,通过网络实名、IP地址管理、联网备案、安全防护等措施强化网络安全技术保障,确保信息安全。以工业安全态势感知平台为基础,建立各行业发展态势感知平台,各类平台企业根据属地管理原则进行监督管理,监管部门落实信息安全日常通报机制,常态化开展网络安全监测、预警,对于触及网络安全的行为予以严厉打击,打造信息安全综合保障网络。

(五)鼓励企业数字化转型

1. 培育龙头示范企业

在产业转型发展过程中,中小型受制于自身技术和财力限制,企业的创新活跃度不高、转型升级能力较为薄弱,也无力承担转型过程中高昂的研发投入费用和科技沉没成本,龙头企业的带动作用便逐渐凸显出来。尤其是在疫情防控时期,龙头示范企业要发挥自身强大的引领带动作用,率先复工复产,在疫情防控常态化背景下,要尽量带头做到不停工、不停产,保生产供应稳定,拉动上下游企业协同复工复产。发挥龙头企业在产业数字化和数字产业化过程中的引领带动作用,帮助行业内的小微企业数字化转型,培养产业集聚。各级政府按照"行业抓龙头、分级抓骨干"原则,分年度滚动优选企业,建立领航企业培育库,激励他们通过技改实现转型升级。聚焦新兴经济领域,发现和培育"独角兽"企业、"瞪羚"企业,培育打造骨干领军企业,鼓励中小型企业兼并重组、强强联合。搭建企业联系对接平台,推动大中小各类企业形成产业联盟,形成龙头引领、梯队协同、优势互补的集群,对于扶持行业内小微企业的龙头企业给予奖补措施,进一步激发龙头企业自主创新的动力。

2.落实优惠奖补

各级政府通过制定贴息、减税等优惠政策,降低企业创新的成本,帮助企业轻装上阵,加快转型升级步伐。政府要积极发挥地方财政投入、专项基金和各类优惠补贴政策的引导功能,落实企业研发费用税前加计扣除和科研仪器设备加速折旧政策,对于从国外采购重大技术装备的企业,落实进口税收优惠,鼓励企业在核心技术领域攻坚克难,大胆寻求突破。加大政府产业基金、科技成果转化基金对重大技术攻关、重大应用项目的支持力度,对于区域性发展重要项目和重大科研成果实行"一产一策",进行精准扶持。鼓励金融机构开展"投贷联动"试点和供应链融资、租赁融资,地方法人银行探索设立科技研发和技术改进专项贷款,降低企业融资成本。鼓励有条件的地市设立科技银行、科技保险公司,创新知识产权金融,设立政府性担保基金或风险补偿金,多途径多渠道丰富金融市场,为科技企业发展和产业转型发展提供多维金融支撑。

（六）用好政府引导基金

当前,我国经济正处于结构调整、传统产业升级的重要发展阶段,政府引导基金作为这一历史发展时期促进"新经济"快速发展、转变财政投入方式的重要工具,发挥着重要促进作用。目前,政府引导基金已成为股权投资市场第三大重要出资人,正在股权投资市场发挥越来越重要的作用。政府引导基金是地方财政资金和产业扶持的创新工具,用好这一工具,可以从松门槛、活机制、严考核、强风控等方面着力,走出一条适应新发展阶段新形势的发展道路,加快提升地方产业发展引领能级和创新策源能级。

1.明确引导基金投资策略

与市场化基金类似,政府引导基金在起步阶段也应当按照市场经济的规律与要求,谋划做好顶层设计,充分配置内外部资源,明确基金的投资策略和投资布局,并在实际运作过程中升级迭代,按照发展蓝图不断夯实引导基金核心竞争力。

一是立足顶层设计,建立市场化、专业化的基金架构。以"一个中心、两个维度、三个工具、四个重点方向"为引导基金立柱架梁,即以支持所在区域高新技术企业发展为中心,从企业全生命周期和"1+3+4"产业方向两个维度搭建"矩阵式"产业基金集群,用好一级市场股权投三个工具,重点关注信息科技、生物医药、智能制造和新能源四个战略性新兴产业的投资方向,从而建立起具备专业性、独立性和前瞻性的投融资体系,为地区新动能引育打下良好基础。

二是引育并重,提升地区经济新动能引育质效。着力引"大"、引"准"、引"优",通过与国家级基金、产业资本、上市公司企业风险投资(CVC)、市场化投资机构、财务顾问开展投资合作,发挥政府引导基金的磁吸效应,汇聚资本、产业、人才和科创资源等高质量发展关键要素,吸引带动具备产业引领、高技术水平和社会经济效益的标志性、示范性重点项目落地。同时,坚持服务好现有企业就是最大的招商引资理念,积极引导合作机构将投资"准星"聚焦当地企业,满足本地优质项目资本融通需求,助力推动本地企业"小升规""规升巨""巨股改"进化升级。

三是结合所在区域产业优势服务转型升级。深刻把握所在地区产业发展格局和规律,积极走访当地雏鹰、瞪羚、领军、专精特新、"小巨人""领航计划"以及上市辅导公司等各梯次企业,主动了解产业链上下游企业融资需求,借助资本力量将其中蕴含的政策红利、创新红利、技术红利变现落地。"龙头"舞起来,产业链就会活起来,特别要充分利用好本地龙头企业、上市公司对产业链的牵引作用,在基金和项目层面充分拓展与本地龙头骨干企业的合作,围绕产业链发展方向、龙头企业配套需求、细分领域缺项弱项、关键技术研发转化等现实迫切需求引资汇智、串链补链,强化政府引导基金对所在区域经济主体的服务定位功能。

四是建立健全风控合规机制。积极处理好基金业务增长和防范金融风险的关系,将风险控制、合规管理贯穿投资全流程并实行动态监督,做到投资工作依法依规依据。持续完善风险治理架构,强化基金投资、资金管理、项目决策等关键环节监督,筑牢金融安全的"防火墙"。与所在区域相关监管部门、基金监督管理机构、基金行业自律协会等保持良好的沟通机制,有效落实各项基金监管政策要求,保障政府引导基金规范、安全、高效运营,夯实金融稳定的基础。

2.深化市场化运作机制

引导基金兼具"政策性"和"市场化"双重属性,强调的是以市场化运作方式实现政策目标。充分发挥市场在资源配置中的决定性作用,更好发挥政府引导作用,既是构建高水平社会主义市场经济体制的要求,也是新形势下基金管理适应性变迁的方向。实操层面,可以围绕降低准入门槛、提升审批效率、运用激励约束三个维度完善引导基金市场化机制。

一是建立适度宽松、灵活的准入标准,吸引优秀的基金管理人。广纳业界优秀投资机构是实现基金功能定位的前提。例如,降低返投倍数,放宽返投认定标准。山东、江苏、深圳、珠海、青岛、厦门等地的政府引导基金均已放宽准入标准,避免返投限制影响投资进程。再比如,服务区域经济圈,放宽管理人和参股基金"双落地"的要求。上海金山逐步放开了基金管理人的强制落地要求,青岛、成都则放开了基金须注册在本地的限制。在区域经济圈内建立区域产融合作、互利、共赢的机制,有利于以产业生态和资本体系推动经济圈内一体化发展,促进共同富裕。

二是建立高效规范的基金审批流程,提升决策及管理效率。面对瞬息万变的资本市场、稀缺的优质项目以及地方招商引资的激烈竞争,政府引导基金需要作出快速反应。子基金审批管理原则整体上应当遵循"政企分离、权责清晰、高效决策"的原则,政府管理部门对产业投向进行把控,对引导基金"不可以做、不应该做"进行明确规定,将"子基金应该做什么、可以怎样做"的市场化决策事项交给委托管理机构,从而提升基金运作效能和吸引力,减轻相关部门管理负担。深圳、青岛等地已经在引导基金管理架构及审批流程上开展精简优化。

三是建立激励机制和容错机制,调动人员积极实现政策目标。根据投中研究院调查,将近一半的引导基金管理机构则未设立任何激励制度。政府引导基金管理机构作为投资行业的重要组成部分,可以参照行业标准和惯例,建立市场化薪酬、团队跟投、超额收益奖励等机制,实现引导基金运作与管理团队之间"收益共享、风险共担"的深度绑定,通过强调权责利的统一,激发团队围绕政策目标创造超额回报。还需要看到,政府引导基金面临着财政出资效益考核力度增大的压力,通过建立有效的容错机制、免责机制,鼓励投早投小,包容创新创业,促进引导基金和社会资本向高技术、高投入、周期长的核心技术项目倾斜。

3.科学发挥财政资金杠杆效应

在当前新旧动能转换的关键时期,地方财政普遍较为紧张。发挥财政资金的杠杆放大效应,一方面需要"分母"财政资金持续保障供给,另一方面要把"分子"做大,多来源引流金融活水。

一是适应募资难大环境,灵活调整出资比例限制。地方财政相对宽裕的地区,已在这一方向进行了有益探索。例如广州市科技成果产业化引导基金,放宽或不设定专门用于投资科技型中小企业子基金的财政出资规模上限。对于财政相对紧张的地区,财政出资比例限制可以考虑由过往的"一刀切"转向"双轨制",将子基金划分为强调政策目标的"专项子基金"和强调规模放大的"市场化子基金",在专项基金中以更大的出资比例聚焦投资、直接投资,快速支持重点项目、重大项目落地所在区域。

二是与银行资金投贷联动,加大对科创项目的融资支持。2021年3月,中共中央办公厅、国务院办公厅印发了《建设高标准市场体系行动方案》,其中第18条鼓励银行及银行理财子公司与创投基金、政府出资产业基金合作。国新基金与浦发银行以及上海半导体装备材料产业投资基金与中信理财子公司,均在基金投资合作方面进行了积极布局,过去五年未实质性落地的投贷联动机制取得了较大的进展。政府引导基金由于具备良好的信用资质,在既定的政策框架之内,可以积极寻求与银行更大的合作空间,政府引导基金的股权投资与银行的债权融资互为补充,共同服务科创企业成长壮大。

三是密切关注保险、证券、CVC、普通合伙人(GP)等资金"活水"。根据银保监会数据,目前我国保险资金股权投资比例不足20%,险资LP出资仍有较大空间。政府引导基金和险资都具有规模较大、期限较长、风控合规严格、追求相对稳定收益的特点,投资理念整体相近,可以积极探索开展深度合作,丰富长期资金来源。此外,证券公司允许下设多家二级私募子公司,一定程度上增加了政府引导基金与证券私募子公司的合作机会,当然也需要引导基金放宽对管理人注册地的严格限制,充分利用券商系私募研究优势和项目退出优势展开合作。

随着管理资本量的增长,不少大型投资机构试水母基金业务板块,LP和GP界限逐渐模糊,业务相互交融,从原始的一方出资、一方投资,转向各自均具备出资能力与投资能力的"大资管",典型案例如光大控股与IDG资本合作设立的光际资本、红杉中国参与出资的星界资本、红杉璟诗基金等。政府引导基金在吸引社会资本的过程中,及时把握我国股权投资基金出资来源的变化发展,引金融活水、育产业发展。

新发展格局下,政府引导基金经过近20年的探索萌芽、高速发展和存量耕作,正处在不断变动升级的新发展阶段当中,在具体执行过程中需要强化新发展理念、深化市场化运作机制、提升基金运作效能,根据实际情况进行灵活操作和适应性变迁,从而发挥政府引导基金应有的作用,促进地方产业转型发展发展,为地方经济塑造具有更强创新力、更高附加值、更安全可靠的产业链、供应链贡献金融力量。

第四节　数字金融人才培养提升素养

人才是科技金融取得成效的基础和关键。科技金融人才的基本素质包括知识素质、业务素质、沟通素质、道德素质,需要长期培育和市场实践打磨才能形成。我国科技金融人才的培育受传统教育体制和培育模式的影响,存在人才属性把握不准、成长规律认识不清、培育组织模式不新、职业道德教育不强的问题,制约了人才素质的提升。要从建立科技金融人才培育制度、以市场导向组织人才培育、组建人才培育的社会网络、兼顾理论基础和实践动手教育、强化职业道德等方面优化人才培育,提升我国科技金融人才质量。而在培育数字金融人才的过程中,提升其数字金融素养非尤为关键。

一、数字金融人才的素质要求

数字金融是我国经济发展进入创新驱动发展阶段后创新创业与金融资源相互融合、相互促进的体现,也是化解传统产能过剩、发展新兴产业的需要。数字金融不是传统金融活动的简单延伸,而是金融资源围绕创新集聚的形式,是市场配置资源要素的体现,是金融服务实体经济的新途径。数字金融是继承与创新同在、机会与挑战并存的领域,是金融领域创新的前沿,没有高素质的人才队伍作支撑,要取得数字金融的发展进步非常困难。美国作为数字金融创新的引领者,在华尔街和硅谷集聚了大批高素质数字金融人才。人才作为数字金融发展核心要素,要满足我国经济社会发展的需要,必须具备以下的素质。

(一)扎实的理论知识

数字金融人才应具备的知识包括:一是科技产业知识。数字金融服务延伸到企业的种子期和初创期,企业生产个性化非定制的非通用产品,其产品市场、商业模式、盈利来源具有不确定性,因此与高新技术产业发展有关的创新创业知识是数字金融从业者必备的基本知识。

二是现代金融知识。数字金融围绕创新配置资源,投融资者结合企业的生命周期,采用债权与股权形式进行混合投融资,没有广博的现代金融知识,天使投资、创业投资、私募股权、股权众筹、夹层融资等工具方法的应用将无法完成。三是法律评估知识。对技术创新的市场价值和处于发展中的科技型中小企业进行估值(包括创新估值、市场分析、资产定价、产业评估、风险补偿等)是金融、法律、会计、财务等知识的综合运用,没有相关的背景知识,不可能成为合格的数字金融从业者。四是跨界知识。数字金融联系着产业与金融两大领域,是否能用彼此理解和接受的知识和理念沟通,关系着金融能否顺利围绕创新资源配置、能否动员更多金融资源汇聚创新创业。因此,数字金融从业者必须具备复合的理论知识,并能进行跨界沟通联系,促进不同资源围绕创新创业协同配置,促进互利共赢。

(二)过硬的专业业务能力

作为科技创新与金融服务的中介和黏合剂,数字金融人才必须具备复合多元的综合能力。一是金融业务操作能力。要能够运用主流的金融工具和产品解决数字金融发展的问题,并能跟踪国内外数字金融的发展动态,结合中国技术创新和产业发展的需要创新数字金融产品和服务,能运用市场组合和避险工具防范风险。二是对高新技术产业发展的把控能力。能结合科技创新的态势评估技术创新的价值,结合经济发展和消费结构变化判断创新产品的市场价值空间,结合行业的发展分析投融资对象所处的生命周期,并能根据融资者的公司治理结构分析和判断企业的发展趋势和未来的盈利能力,从而制定科学有效的资金回收和风险防范机制。三是学习创新能力。中国的数字金融发展正处在由学习欧美发达国家向超越阶段转化,学习国外的先进模式并进行创新成为保持竞争力的重要手段,数字金融人才要有良好的外语基础和利用网络学习的能力,要熟悉创新的基本规律并能及时储备和补充新知识,推动业务能力的不断提升。四是整合协调能力。数字金融服务不同于传统金融服务的"融(贷)后不管"模式,尤其是对种子期和初创期的投资对象,需要承担发展的扶助责任,跟踪投融资对象的发展需要,创造机会帮助其整合发展资源,通过投资者和融资者的资源共享,通过增强融资者的发展能力,保障投资者的资金安全和收益。因此,从事数字金融活动的人需要有复合多元的综合能力,没有过硬的专业能力和综合素质,不可能成为优秀的数字金融从业者。

(三)良好的跨界沟通协调能力

没有扎实的专业知识理论功底、不能打通学科专业知识界限进行集成创新,很难在创新创业与金融服务之间搭建联结的桥梁。拥有多元知识并能换位思考是建立互利共赢机制的基础,良好的跨界沟通协调能力是数字金融人才的必备素质。数字金融人才的跨界沟通协调能力包括三个方面:一是能用金融业的理念和专业语言准确清晰阐述创新创业的价值,能结合高新产业的发展研判金融风险隐患,并能结合高新技术产业成长规律制定科学合理的资金回收和利益分享机制;二是能用产业发展的逻辑和规律阐明金融资本的重要性,以持续发展和互惠互利的思想引导科技企业进行差异化的链式融资,推动企业借助资本市场迅速做大做强,在促进创新创业者取得成功的同时也能让投资者获得正常丰厚的利润回报;三是能用合作共赢理念和思维进行跨国沟通协调,既要熟悉国际资本市场运作模式与规律,推动中国的高新技术企业进行跨国融资,又要能把握全球创新现状和高新技术产业发展特征,鼓励国外的创新技术来中国产业化。因此,数字金融人才要能在不同行业和不同国家之间运用专业能力和沟通技巧推动创新创业与资本结合,没有良好的跨界沟通协调能力很难实现资本和创新创业的有机结合。我国的资本相对过剩与企业融资难融资贵并存,与从业者的跨界沟通困难造成"自说自话"有很大的关系。

(四)担当有为和奋发向上的情怀

中国发展数字金融的主要目的是促进科技成果转化和释放创新创业活力,促进金融资源向最具有发展潜力的领域配置。中国正处在新旧动能转换和产业结构调整的关键时期,高新技术产业是支撑民族复兴的重要力量,承担着为中国未来经济发展打造新引擎的重任,数字金融活动从业者必须具有责任感和担当精神。数字金融资源的提供者如若没有使命感和社会责任意识,在经济利益的驱动下很可能使数字金融发展脱实入虚,造成社会资源的错配和发展机遇的遗失。数字金融资源的需求者要具备诚实守信的操守,提供技术创新的真实信息,客观评估产品市场前景和盈利空间,不能利用虚假信息和无法兑现的承诺诓骗投资者。从事数字金融的人要具有比较高的道德素质,要在担当责任使命与获取经济利益之间平衡,把追求合理经济回报与促进经济社会发展进步结合,并通过自身的引领示范促进创新生态的改善,而不是运用专业知识钻制度设计的漏洞。数字金融品牌关系到中国的国际形象,要以诚信守规的态度向世界展示我国高新技术和数字金融发展的特色,增强中国创新创业和资本的"软实力"影响。淘宝、京东和百度等中国高新技术企业,以合规守信诚实经营铸造品牌,成为国际金融市场的宠儿;锐步(上海)投资有限公司利用众筹平台进行诈骗,最终结果只能是身败名裂。这说明数字金融参与者没有担当有为和奋发向上的道德素质,是不能成为社会发展的正能量的。数字金融活动各类参与者的基本素质由知识素质、业务素质、沟通素质、道德素质综合而成,须经过不断实践和市场打磨逐步积累才能形成。数字金融参与者素质的最大特征是"能力异构",不是单一知识线性的累积和简单叠加而是多元知识和综合能力的重构。因此,数字金融参与者的素质不同于传统金融,培养和提升数字金融人才的素质,不能照搬照抄传统金融人才的老路,应根据发展的需要借助现代教育培训手段的创新,全方位提升其综合素质与能力,使其满足经济社会发展的需要。

二、数字金融人才培育的制约

创新型国家建设使数字金融受到空前关注,专家学者从理论和实务的多维视角研究数字金融发展,但相关研究存在"三多三少"的问题:一是提出数字金融概念的多,准确把握发展内涵的少;二是研究利用传统金融人才培养模式培育数字金融人才的多,提出具有创新性的数字金融人才培育模式少;三是利用高校资源培育数字金融人才的研究多,利用社会资源网络培育数字金融人才的少。由于数字金融发展速度快,承担培育数字金融人才的单位不能及时更新理念与培育方法,往往采取"新瓶装旧酒"的办法,对传统金融人才培育方式改头换面,试图利用旧模式培育创新人才,不但造成了数字金融人才培育质量不高,还浪费了大量的教育培育资源,造成我国高素质数字金融人才的短缺。我国的数字金融人才培育目前主要受到以下四个方面的制约。

(一)对数字金融人才属性把握不准

国内的数字金融概念最早来源于1993年《中华人民共和国技术进步法》;2006年《国家中长期科学和技术发展规划纲要(2006~2020年)》明确了数字金融的内容包括银行信贷、资本市场、保险、担保、创业投资;2010年的《促进科技和金融结合试点实施方案》提出建设"多元化、多层次、多渠道的科技投融资体系"是数字金融发展的目标,形成了相对稳定的数字金融概念内涵。由于数字金融的内涵处于发展变化中,人才培育单位基于字面概念理解数字金融人才属性,受到传统思维理念的惯性影响,数字金融人才就成了传统金融人才的延伸,这种现象在国内金融人才培育单位比比皆是,而在承担人才培育主要任务的高校尤为盛行。传统金融是建立在工业社会框架下的标准化和流程化金融服务,金融人才以循规蹈矩和科层管理开展业务;数字金融是建立在信息社会框架下的多样性差异化金融服务,金融人才以量身定制和主动创新从事金融服务。数字金融是建立在共享基础上主动服务新形态,不是建立在单边主导基础上的坐商式传统金融服务,是金融主动对接技术创新和服务实体经济的体现,与传统金融在金融风险识别技术和不良资产容忍方面有很大区别。因此,数字金融人才是满足服务型社会发展、具有主动创新精神和广博知识的社会活动家,是创新创业与金融服务的黏合剂。高校在我国数字金融人才培育中承担重任,但因缺少实践和业界前沿发展的动态把握,从表象来把握数字金融人才的属性特征,存在认知偏差与培育模式调整滞后的问题。

(二)对数字金融人才成长规律认识不清

数字金融服务处于创新前沿的技术和产业,数字金融人才既要具备金融专业知识基础,又要熟悉高新技术产业发展规律,能在市场发展中把握金融和高新技术产业的脉动。数字金融人才的成长轨迹不可能是线性,必须具备多种职业经历叠加的特征,因此,数字金融人才不可能单独依靠课堂讲授来培养。闭门造车培养不了高素质数字金融人才,开门办学、社会参与和综合培养是数字金融人才成长的必备条件。高校作为我国数字金融人才培养重要单位,偏好理论教学和实践不足制约了数字金融人才的培养,受制于教育部本科学科目录设置10年调整一次的规定,学校不能与时俱进地调整人才培养方案,对数字金融人才的成长形成制约。我国现行高校招生目录没有数字金融专业,数字金融人才主要依托经济学和金融学相关专业培养,基本方法是在金融学专业目录下培育数字金融人才,基本沿用培育传统金融人才的方式进行。人才培育遵循"通识必修课+学科基础课+专业必修课+专业选修课"的模式,受教育部金融学学科内容的约束,数字金融知识多放在专业选修课中进行,而选修课程容量无法提供系统数字金融教学。数字金融人才培育就是在金融学基础上增加几门与创新创业有关的课程,但受到金融学专业人才培养的学分学时限制,又需要将部分传统金融学课程进行裁撤合并,最后造成了学生的数字金融特色不鲜明,传统金融理论根基不牢固。

(三)数字金融人才培育组织模式不新

数字金融人才要有较强的动手操作能力,教师也应具有在科技企业和金融行业从业的经历,能顺利打通教学科研与实践的通道。我国的数字金融人才培育受高校人才培育惯性影响,偏好理论的填充与灌输,缺乏具体案例与足够的实践教学作支撑,专业教师多是"坐而论道"没有实战经验。如2016年天津拥有"双师"素质的高职教师占比为58.79%。拥有良好实业基础的天津尚且如此,在产业发展相对薄弱的中西部更是可想而知。数字金融人才培养侧重理论演绎和知识教学,没有完整知识储备并与实践脱节的教师无法为学生的成长提供完整有效的知识支撑,学生所学知识与实践需要存在差距,没有毕业就面临失业的风险。尽管高校的金融专业设置了专业实习和毕业实习环节,但接受学生实习的单位主要是传统的银行、证券和保险等机构,与数字金融实践有关的天使和创投机构,因对从业者素质要求高而不太愿意接受实习学生,学生很难在学习期间接受完整有效的数字金融知识培训。不脱离传统金融人才"巢窠"来培育数字金融人才,造成人才培育"画虎不成反类犬"的尴尬,既增加用人单位的成本又延长人才的成长周期,影响了人才的学习积极性和主动性。

(四)对数字金融人才的道德教育不强

数字金融的财富效应是吸引人才的重要原因,创业板是数字金融创造财富英雄的集中体现,创立8年来推动690家企业上市,市值达到5.59万亿元,增值34.74倍。汉能集团的李和君成为中国首富的经典使部分数字金融人才产生"快致富、致大富"的急功近利倾向。软银集团的孙正义投资阿里巴巴获得巨大成功使部分数字金融人才偏好资本运作而忽略技术创新的价值和产业成长的规律。2012年雷士照明创始人吴长江被赶出企业,与投资者为追求利润只重视企业财务而不聚焦产业发展不无关系。产生这些问题的原因多与数字金融人才的职业道德教育缺失有关。培育机构从财富效应角度解读成功案例,忽略数字金融发展所应承担的社会责任,造成部分金融人才的人生观和价值观扭曲,缺少社会公德,遵纪守法意识淡薄。2015年上海优索环保科技发展有限公司利用股权众筹诈骗的案例就是公司法人代表缺少职业道德操守的典型表现。财富观的扭曲造成投资者的燥热,数字金融资源投入的跟风和羊群效应放大了数字金融市场的泡沫,造成部分大学毕业生不愿意从事金融基础工作。部分培育机构培育数字金融人才只注重基本理论和技能的培训,没有"培养社会主义事业接班人"的意识,很难培养出德才兼备的合格人才。

三、优化数字金融人才培育的对策

金融人才培育滞后于经济发展的需要造成我国传统金融人才过剩而数字金融人才不足。2014年全国共有366所高校开设金融学本科专业,242所高校招收金融学术硕士,83所高校招收金融专业硕士,28所高校培养金融学博士,与金融相关的各类毕业生超过20万人,占毕业生总数的6.04%。从总量来看我国培养的金融人才并不少,但站在金融强国的角度,用引领世界金融发展趋势的标准来看,中国金融人才培养之路还很漫长,尤其是高素质数字金融人才缺口巨大。以重庆为例,2015年全市金融人才存量10.95万,到2020年至少要到15.97万,人才缺口达5.02万,同期上海金融人才缺口近10万。大国金融博弈需要多层次金融人才,夯实以经济和科技为中心的综合国力需要高素质的数字金融人才。根据普华永道《2017年全球金融科技调查中国概要》,中国71%的机构存在国内招聘数字金融人才的困难,高素质的数字金融人才成为急需稀缺人才。因此,创新我国的金融人才培育思想和制度、优化数字金融人才培育模式和组织势在必行。

结合数字金融人才素质要求和我国培育现状,优化数字金融人才培育体制、提高人才培育的质量是关系创新型国家建设的大事。要改善我国数字金融人才的成长环境,由依赖高校单独培育向社会综合培育转化、由偏好理论培育向理论与实践结合转化、由重业务轻思想向德能兼顾转化,把培育高素质的人才作为全社会的责任。数字金融人才培育要以职业道德教育为引领、以厚实管用的理论培训为基础、以实务动手操作训练为根本、以沟通协同能力培训为支撑、以学习创新能力提升为手段,不断提升数字金融人才的质量。要提高数字金融人才的培育质量,需要从以下几个方面进行努力。

(一)建立科学的数字金融人才培育制度

第一,要提升我国数字金融人才培育质量,必须改革当前的金融人才培育制度。数字金融人才要有广博的理工与人文社会知识,人才素质有文理知识交叉的特点。而高校作为金融人才培育的重要单位,招生和专业设置是按照文理分离的原则设置,因此改革当前高校的招生和人才培育体制是提升人才培育质量的前提和基础。第二,建立数字金融人才的终身学习制度。科技创新和产业发展日新月异,数字金融作为金融创新的前沿,处于快速发展和变化之中,人才的知识结构存在老化和更新换代的问题,数字金融活动参与者要持续学习,不断更新知识,用人单位应建立行之有效的在岗培训教育制度。第三,高校教师作为数字金融人才培育的重要参与者,不但要主动学习专业知识还必须了解实际工作需要。要结合数字金融人才培育的需要,建立理论教学与实务部门交叉任职的制度,增强人才培育的有效性和针对性。

(二)以市场需求为导向培育人才

培养数字金融人才的目的是满足实践需要,要以培养符合社会发展需要的人才为导向,高校培养人才要改变"我只培育什么样的人"的倾向,结合就业市场树立"市场要我培养什么样的人才,我就培养什么样的人才"理念。改变高校"关门办学"的传统,充分利用各类高新区的数字金融实践活动,以科技部《关于印发促进科技和金融结合试点实施方案的通知》为引领,把握"大众创业、万众创新"中的金融人才需求脉动,把课堂搬到企业和金融机构进行现场教学,并能结合数字金融服务链的需要培养不同层次的数字金融人才。聘请熟悉数字金融产品开发和风险管理,有会计、法律、投资和信息技术等知识的复合型、实践型的金融人才充实教学队伍,重视校外导师在人才培育中的作用,鼓励在校学生取得IOA、ChFP、CPA、AFP、FRM、CFP、CFA等资格认证,强化职业技能培训在人才培养质量提升中的协同作用。

(三)注重人才培育社会网络的组建

人才培育过程中存在三种开发模式(见上表):一是单向垂直知识灌输的链条式人才培育开发模式,这种模式不能满足数字金融人才创新与实践能力的要求;二是以持续跟踪人才为中心的中枢模式,这种模式受高校等教育机构的资源环境约束,数字金融人才培育不能占用过多的资源;三是以多种资源围绕人才集中投入的网络模式,运用高校与社会资源集中培育数字金融人才,能在有限的时间内提高人才质量。数字金融人才的培育是社会系统工程,单独依靠学校的培育远远不够,必须引入社会资源组建人才培育网络,鼓励有责任心的单位和部门参与人才的培育,联合金融机构、科技企业、政府机构等部门,运用多种资源的集中投入,构建开放式的数字金融人才培育模式,实现人才培育产学研一体化,实现人才培养由部门化向社会化转变。

(四)夯实理论与强化实践并重

金融理论教育是培育数字金融人才的根本,美国作为全球数字金融的领头羊,与其拥有一批世界顶尖的金融理论专家有关。学好金融学基础理论是把握数字金融运行规律的前提,结合中国的实践进行理论创新和动手能力的培育是培育数字金融人才的中心环节。据《上海金融人才调查报告2015》,2015年上海金融从业人员中,30周岁以下占比39.05%,30~39岁的占比36.51%,40岁以上占比24.75%。年轻人有理论缺乏必要实践,中年人有实践又缺少现代金融理论,数字金融需要兼顾理论与实践。要从人才现状谋划数字金融人才培育,夯实数字金融人才的理论基础,从平台课程、专业课程、方向课程、拓展课程四个大的模块系统构建数字金融知识体系,实现理论支持与实践动手的互动。数字金融人才培育强调动手实践能力培育并非要弱化基础理论教学,而是在突出动手能力的前提下强化理论教育,不但要夯实在校学生的现代金融理论水平,还要通过继续教育提升从业者的理论修养,以宽厚的理论基础支撑实践创新的发展。

(五)强化人才的职业道德素质基础

我国数字金融人才培养也承担着培育合格的社会主义事业接班人的责任,要在人才的培育过程中强化社会主义核心价值观的教育,培育的人才是有责任和使命感的物质财富创造者。科技金融人才既要学习勇于创新,又要有遵纪守法的自觉与自愿。道德素质与数字金融人才的知识能力同等重要,国际金融市场制造动荡的金融大鳄是具有专业知识和能力但缺少职业道德的投机者,要防止数字金融人才变成发展负能量,强化人才的职业道德教育尤为重要。

四、提升数字金融素养的意义及方法

(一)提升数字金融素养的意义

数字金融素养是金融素养和数字素养的结合产物。金融素养是金融态度、金融行为、金融知识、金融技能的集合,体现在能够理性地做出恰当有效的金融决策。数字素养包含技术性能力和社会能力,技术性能力包括：数字化知识、网络操作、信息使用、交流语言、职业相关能力等；社会能力包括：情商、创造力、领导力、沟通能力、团队协作能力、辩证思维等一系列非技术性能力。提升数字金融素养具有重要意义。

第一，具有时代必然性。疫情加快了经济金融数字化时代的进程，疫情期间保持社交距离的要求催生了非接触式的金融服务，数字金融行业创新不断、蓬勃发展。据中国银行业协会统计，疫情期间银行机构线上业务的服务替代率平均水平高达96%。联合国《公众的资金：利用数字化为可持续的未来融资》报告肯定了数字金融发挥的"生命线"作用。后疫情时代，地方政府履职、企业生产经营、金融机构服务提供，以及居民家庭行为都将步入数字化转型轨道。

第二，提升数字金融素养是贯彻落实建设数字中国的政治要求。党的十九届五中全会公报提出，要坚定不移地建设数字中国，加快数字化发展。各方积极践行贯彻落实，博鳌亚洲论坛副理事长、中方首席代表周小川撰文指出，推动和规制数字经济、人工智能发展将成为论坛的重要议程。

第三，助力数字普惠金融扩面提质。相关研究证实了金融素养对普惠金融的正向促进作用，但数字金融领域的数字鸿沟、算法歧视等问题，导致数字普惠金融的覆盖"面窄、质低"。只有提升数字金融素养，才能确保普惠金融可持续发展。

第四，有助于维护金融稳定和社会稳定。研究表明，数字金融素养影响当期和未来的储蓄和消费行为，金融素养过低的家庭相对过度负债，提高了家庭金融脆弱性。而数字金融领域是互联网金融欺诈、网贷骗局等"两非"活动的高发地，可能引发一系列社会问题，严重的将危及人民生命财产安全。

（二）提升数字金融素养面临的四重挑战

第一，数字金融素养缺乏国际统一的定义和评估标准。目前，全球各国普遍重视金融基本概念教育，而并未开展数字金融素养教育，国际统一的定义和评估标准尚未形成。对数字金融素养水平和短板的不清晰,严重影响数字金融素养教育的有效开展。

第二,数字金融素养不平等现象严重。通过对比互联网金融产品、在线支付、信息保护等部分反映数字金融素养指标发现,性别、地区经济发展程度、教育程度、收入水平等,具有显著的数字金融素养水平不平等现象。据2019年中国人民银行消费者金融素养调查发现,老年人、低学历、低收入、乡村等群体在数字技术素养和金融素养水平方面,都显示出较低水平。我国互联网金融用户规模庞大且结构复杂,要求数字金融教育的覆盖面广、成本高。

第三,金融科技公司和科技巨头等企业数字金融服务日趋多元化。其中守正创新少,不合规或非法的"伪创新"层出不穷,造成对消费者的信息披露不规范和不全面,保护金融消费者权益的意识匮乏,侵害消费者权益的方式更加隐蔽和多样化,数字金融素养教育的内容繁杂、任务艰巨。

第四,金融科技监管长效机制尚未全面建立。主要表现在:金融监管滞后于金融科技发展,监管者对监管科技的运用尚不成熟,金融交易监管规则不健全,数字金融领域消费者权益保护机制尚不完善。因此,现阶段及未来对消费者数字金融素养要求都是极高的。总体看,提升数字金融素养任重道远。

(三)提升数字金融素养前沿探讨

2016年,G20杭州峰会将数字金融素养提上国际议事日程(GPFI,2016),《二十国集团数字普惠金融高级原则》(下称《高级原则》)第六项高级原则倡议支持和评估数字金融素养。具体行动建议包括:明确参与新兴金融服务的能力要求、鼓励数字金融素养教育项目、运用数字化工具和平台提供数字金融素养教育、提升小企业线上支付结算意识、优化数字金融服务提供商对消费者的金融能力评估、加强信息披露等。目前已有部分国家践行提升数字金融素养水平,但数字金融素养的定义、评估标准尚在持续探讨中。

1.数字金融素养定义的统一

根据《高级原则》第六项对普惠金融群体,应当有接入数字金融服务的渠道、运用数字金融服务的意识、提供数字金融服务的工具、操作指南、远程交易维权意识等要求。数字金融素养的定义可总结为,在充分知晓消费者权益和申诉程序的前提下,根据自身风险承受能力,全面接入数字金融产品和服务,并有效管理数字金融风险的素养。其具体包含以下四个维度内容。

一是数字金融产品和服务知识。主要包括四大类:支付、资产管理、创新金融及其他。支付类包括电子货币、手机钱包、虚拟资产、转账汇款;资产管理类包括网上银行、线上经纪、智能投顾、虚拟资产交易、定制化财务管理、移动交易;创新金融类包括众筹、P2P网贷、线上资产负债表贷款、发票与供应链融资等;其他类包括线上保险服务等。二是数字金融风险意识。数字金融领域主要风险包括:网络诱骗、域欺骗、间谍软件、SIM卡互换、肖像刻画、非法入侵、过度借贷和高额利息。另外,消费者还应意识到数字金融服务提供商会将其信息用于计算信用需求、广告和信用评级。三是数字金融风险管理能力。主要指消费者如何保护自己免于上述风险,体现在能合理运用电脑程序和手机应用来规避垃圾邮件、网络诱骗等,以及知晓如何保护个人信息,如PIN码。四是消费者权益和申诉程序知识。在面临上述风险时,消费者应明确知晓自身权益、申诉对象及相关流程;同时,应知晓如何保护个人信息及应对不当使用。

2.数字金融素养评估标准的建立

金融素养的评估初具国际标准化。OECD/INFE推荐全国性的调查及国际间的合作研究,以获取质量高、可比性强的金融素养水平,OECD/INFE和世界银行也已开发了国际标准化的金融素养调查[①]。中国人民银行自2016年正式建立了消费者金融素养问卷调查制度,开展每两年一次的消费者金融素养调查。评估数字金融素养,应在金融素养调查问卷基础上,将数字金融素养定义涵盖的四个维度转化为一系列具体调查问题,并与金融素养调查问题有机融合。以2019年中国人民银行消费者金融素养调查问卷为例,数字金融素养的评估调查可将

---

①王宇熹,杨少华.金融素养理论研究新进展[J].上海金融,2014(03):26-33+116.

数字金融风险意识纳入金融态度矩阵,将数字金融产品和服务知识、消费者权益及申诉程序知识纳入金融知识矩阵,将数字金融风险管理纳入金融技能矩阵,将新增数字金融产品和服务的使用状况并纳入金融行为矩阵。

3.提升数字金融素养实践

提升数字金融素养需要正式和非正式教育共同发挥作用。正式教育如小学、中学和大学开展与阶段性认知相适应的课堂教育;非正式教育包括:针对不同群体,如为人父母者、金融普惠群体等定制化课程,员工退休研讨会,行业协会开展的论坛讲座、网站专栏、风险提示等,数字金融服务提供商运用平台和技术优势开展的线上教育等。

目前,中国和印度等国家在践行提升数字金融素养方面有示范意义。一是自2016年起,国扶贫基金会、中国台阶金融公司和Visa公司在内蒙古自治区10个贫困县开展一项为期三年的金融教育试点项目,教育培训内容涵盖保险、信贷、财务管理、反诈骗、数字金融工具等一系列金融知识,当地牧民通过使用CDFinance提供的数字化产品,培育了数字金融技能,成功提升了超过1万户家庭、4.4万名牧民的数字金融素养。二是2016~2018年,印度萨约格基金会和多家金融科技公司在印度9省22个农村地区启动金融意识竞赛项目,通过露天电影、派发礼品和储蓄游戏等多样的形式,吸引村民和半城市化居民积极参与竞赛,快速提升农民数字金融素养。此外,马来西亚央行通过社交媒体、手机应用和金融嘉年华等方式,向社会公众提供数字金融知识宣传;印度尼西亚推行无现金化的全国行动;泰国推行全国性的e支付计划,从供给端倒逼消费者提升数字金融素养等。

(四)相关政策建议

1.国际层面:携手共建数字金融和谐生态

一是构建全球统一的数字金融素养定义和评估标准,各国在《高级原则》和专家学者讨论的基础上,结合本国实践经验,统一数字金融素养定义,建立全球普适的国际评估标准,充分评估全球金融消费者数字金融素养水平,尤其是女性、老年人、贫困群体、乡村及普惠金融群体的素养水平,携手共迎数字化时代。二是加强国际合作和经验交流,数字金融产品和服务不受限于国界,其风险传染性可能波及全世界,这就要求各国进一步加强合作,协同推进数字金融领域监管政策与行动,共同致力于提升消费者数字金融素养。

2.国内层面:完善数字金融素养教育顶层设计

一是将数字金融素养教育纳入我国金融教育战略规划。通过建立统筹协调的数字金融素养教育体制,将数字金融素养纳入《中国金融教育国家战略》,制定我国数字金融素养教育规划,明确阶段性的目标树、任务表和路线图。相关金融监管和教育部门应加强协作,在《关于促进互联网金融健康发展的指导意见》《金融科技发展规划(2019—2021年)》的基础上,紧密结合我国国情,从金融态度、金融行为、金融知识、金融技能四大维度,分别着力制定提升数字金融素养工作细则,全面提升全民数字金融素养。二是强化对弱势群体和普惠金融群体的精准施教。可采取线下差异化和线上随机化结合教育模式,避免"一刀切",有效满足不同群体数字金融素养需求。线下差异化模式要充分发挥非营利组织、公益机构、金融机构、金融科技和科技巨头公司联动作用,广泛开展数字金融教育培训项目。在深度贫困地区,应以数字金融普惠为路径,巩固脱贫攻坚战成效,实现脱贫效果的可持续性,缩小地区差异。同时,根据性别、年龄、学历、收入认知能力和实际金融需求,开展有针对性的教育课程和培训活动,缩小群体差异。线上随机化模式主要针对数字金融用户,在购买产品和服务、理财咨询时精准投放教育资源,同时鼓励数字金融服务提供商运用其大数据优势和网络效应,开发数字金融教育应用模块,以提升数字用户的金融素养和金融用户的数字素养。

3.金融监管层面:提升数字金融治理水平

一要完善数字金融领域监管长效机制。数字化不会改变金融的本质,但会重构金融交易规则,金融风险类型由人的风险转变为人的风险、机器的风险及人机交互的风险。要加快明确数字金融产品与服务监管规则,通过构建与数字金融发展相适应的、前瞻性的金融交易监管方式,确保稳妥有序防范化解数字金融领域风险,健全具有高度适应性、竞争力、普惠性的现代金融体系。二要加强数字金融消费者权益保护。对于数字金融服务提供商,监管者应提高其准入门槛,加强资质合格审核与业务合规审查,金融控股集团还应具备与其资产规模和风险水平相适应的资本,防止系统性金融风险和"多而不能倒"的道德风险。应要求其提高消费者权益保护意识,守正创新,同时强化信息披露和风险提示,降低信息不对称。应要求其履行社会责任,为消费者提供数字金融素养水平的教育和培训机会。对于金融消费者,监管者应在政府主导下,积极协调配合提升消费者数字金融素养水平,尽快消除监管套利、监管不确定性,进一步完善消费者权益保护机制。

第五节　搭建数字金融平台优化产业链

搭建数字金融平台优化产业链的关键在于增强产业链韧性。产业链韧性是产业链系统在受到风险冲击过程中展现出的抵御能力、恢复能力和适应能力①。作为驱动经济运行的源头活水,金融通过资金配置功能不断影响着产业链系统各个方面,对产业链韧性产生深刻影响。数字金融作为金融与数字技术相结合的一种新金融形式,可借助区块链、云计算、大数据等现代信息技术手段有效缩短金融机构与产业链主体的资金供求匹配时间,优化产业链金融资源配置结构,为产业链发展提供高效的金融支持,助力产业链韧性提升。一方面,数字金融能够通过平台构建、场景应用等形式持续创新和丰富金融产品与服务,为产业链主体提供多元融资渠道,以此提升产业链韧性。当经济系统遭受冲击时,金融机构能够快速作出反应,为产业链主体提供金融支持,增强产业链应对冲击的能力,提升产业链韧性。另一方面,数字金融可借助强大的信息网络系统,快速构建起产业链主体间的联

---

① 俞伯阳.数字经济、要素市场化配置与区域创新能力[J].经济与管理,2022,36(02): 36-42.

结网络,有效打破地域限制,使金融服务突破柜台网点的局限,显著增强产业链主体获取金融服务的快速性、便利性。当产业链系统遭受外部冲击时,金融机构能够通过网络空间的应用快速为产业链主体提供金融服务,出台针对性强的金融服务方案,填补其应对风险的资金缺口,提升链上主体应对风险的能力,增强产业链韧性,优化产业链。

研究发现,数字金融对产业链韧性提升具有显著促进作用,产业链韧性越强,数字金融对其影响效应越小,数字金融可通过优化创新要素配置提升产业链韧性,市场分割对数字金融与产业链韧性的关系具有负向调节效应,金融监管在数字金融与产业链韧性之间的调节效应呈U型变化特征。据此,提出以下建议。

一、推动金融业务数字化转型

数字金融可显著促进产业链韧性提升,相关部门应积极加大数字化投入,坚持围绕产业链、创新链等部署资金链,建立和完善金融资产信息库,着力推动金融业务数字化进程。第一,拓展数字金融业务覆盖范围。金融机构应深入运用数字技术手段,提升传统业务的在线服务和触达能力,优先建立全方位数字化金融业务体系,拓展金融业务服务宽度,高效对接产业发展需求。在此基础上,尽快建设数字化中台体系,实现数据资产化,通过场景、业务、数据进行数字化组合,实现金融业务的组合创新,为产业链平稳发展提供高效、丰富的金融服务。第二,提升数字金融服务质量。研究发现,伴随产业链韧性分位点提升,数字金融的影响效应逐渐降低。对此,有关部门应依据产业发展阶段和发展特征不断调整数字金融结构,在扩大数字金融服务"量"的基础上进一步提升服务的"质",助推数字金融服务长效化发展。其一,提升数字金融服务精准性。政府应支持数字经济与普惠金融、供应链金融、科技金融、绿色金融、三农金融等重点金融领域有机结合,构建互信共生的数字金融协同发展体系,加强政府相关部门的沟通协调,为产业链发展的各阶段提供靶向精准服务。其二,增强数字金融服务的针对性。有关部门应加大对装备制造产业、农业产业、航天航空产业等重点领域的数字金融支持力度,切实提升重点产业抵抗风险的能力,提升产业链关键节点的韧性。

二、打破地区市场分割

市场分割对数字金融和产业链韧性的关系具有负向调节作用。因此,地方政府应加快落实、推进全国统一大市场建设进程,破除地区间市场壁垒,消除地方保护主义,改变地方政府的策略行为,使之主动放弃市场分割。在此基础上,推动地方积极融入国内市场分工体系,加速地区间市场整合进程,充分发挥我国庞大市场的优势,为产业链韧性提升打造开放的市场基础。从短期层面看,政府应利用转移支付等方式,鼓励和推动落后地区快速融入国内市场体系。对融入积极性不高的地区,可采用一定的惩罚措施,提高地方进行市场分割的成本和代价,促使这些地区全面融入国内大市场。从长期层面看,有关部门应强化制度约束,对地方市场分割行为加强监管和干预,构建全国统一大市场,为提升产业链韧性提供良好的市场环境。

三、深化金融监管体系变革

当金融监管强度达到一定程度后,会逐步释放其对市场、金融发展的正向效应,显著优化市场创新和发展环境,从而对产业链韧性产生积极作用。因此,有关部门应积极加快数字金融监管体系变革,逐步优化金融监管交叉性强、重复率高的环节,提升数字金融监管质量和监管效率,促使金融监管对数字金融与产业链韧性关系调节的拐点尽早到来。一方面,有关部门应积极优化、补充金融监管体制机制,科学引导数字金融高质量发展,增强数字金融对产业链韧性的正向作用;另一方面,要积极利用现代化信息技术,重点发展监管科技的研发和应用,构建综合金融监管服务平台,提高金融监管的有效性、针对性和及时性,强化金融监管效能。

四、完善创新要素配置

数字金融可通过完善创新要素配置间接促进产业链韧性提升。因此,有关部门应积极完善创新要素配置,逐步增强产业技术创新能力,为提升产业链韧性夯实创新基础。就人才创新要素而言,政府应以人才强国战略为依托,积极制定和实施人才引进相关政策,吸引人才进入本区域,形成规模效应和集聚效应,切实提升产业链韧性。就资本创新要素而言,应进一步加大政府对数字科研创新财政资金的投入力度,通过制定相关税收优惠政策、扶持政策等方式,引导企业、学校和科研机构积极创新,提高相关技术研发创新能力,驱动产业链韧性提升。就技术创新要素而言,一方面,加速建设技术转移机构。政府应鼓励和支持产业链主体与高校、科研机构开展合作,共同建立技术研发中心、产业研究院等新型研发机构,构建产学研紧密结合的技术创新体系。另一方面,推动技术要素与其他要素融合发展。有关部门应积极鼓励金融机构开展知识产权质押等方式的融资,取消技术转移转化过程中的金融服务壁垒,推动科技成果资本化,从而提升产业链韧性。

References 参考文献

[1]北京大学数字金融研究中心课题组.数字金融的力量为实体经济赋能[M].北京:中国人民大学出版社,2018.

[2]狄行思.论数字金融平台的信义体系构建[J].金融理论与实践,2022(04):60-68.

[3]付凌晖.我国产业结构高级化与经济增长关系的实证研究[J].统计研究,2010,27(08):79-81.

[4]韩亚茹.省域物流与经济增长的互动关系及协调发展研究[D].杭州:浙江工商大学,2021.

[5]姬志恒,于伟,张鹏.高技术产业空间集聚、技术创新与区域绿色发展效率——基于PVAR模型的经验证据[J].宏观经济研究,2020,42(09):92-102.

[6]李海涛.我国电子金融风险浅析[J].时代金融,2017(11):43+46.

[7]李三印.审计监督对融资约束的影响研究—基于沪深A股物流产业的经验证据[J].物流科技,2020,43(02):160-163

[8]李晓华."新经济"与产业的颠覆性变革[J].财经问题研究,2018(03):3-13.

[9]龙小宁,张晶,张晓波.产业集群对产业履约和融资环境的影响[J].经济学(季刊),2015,14(04):1563-1590.

[10]鲁志国,赵培阳.金融效率、产业结构升级与全要素生产率的动态关系及区域差异研究——以广东省为例[J].经济问题探索,2020,41(10):94-109.

[11]牛东芳,沈昭利,黄梅波.中非共建"数字非洲"的动力与发展路向[J].西亚非洲,2022(03):66-87+158.

[12]亓鹏,韩庆潇.金融科技发展有助于农商行业务回归本源吗?——来自县域农商行的微观证据[J].金融发展研究,2022(07):46-54.

[13]任洁.探究政府职能转变——以新公共服务为视角[J].国际公关,2022(14):61-63.

[14]盛如旭,李雪松,汪勇.我国生产率变化机制分析——关于中介效应模型的文献综述[J].现代管理科学,2019(04):3-5.

[15]斯丽娟,张利敏.金融集聚外部性对经济增长的影响———基于省会城市面板数据的实证分析[J].经济经纬,2019(03):150-156.

[16]孙晓华.技术创新与产业演化 理论及实证[M].北京:中国人民大学出版社,2012.

[17]王宇熹,杨少华.金融素养理论研究新进展[J].上海金融,2014(03):26-33+116.

[18]伍世安,傅伟.共享经济研究新进展:一个文献综述[J].江淮论坛,2020(03):44-54.

[19]俞伯阳.数字经济、要素市场化配置与区域创新能力[J].经济与管理,2022,36(02):36-42.

[20]臧蕊.数字经济产业发展对产业结构优化升级的影响研究[D].北京:北京邮电大学,2019.

[21]张明秋.河北省战略性新兴产业发展研究[D].石家庄:河北科技大学,2013.

[22]左鹏飞.信息化推动中国产业结构转型升级研究[D].北京:北京邮电大学,2017.